메타버스로 가는
NFT 로드맵

—— 메타버스로 가는 ——

NFT 로드맵

안 하면 손해, NFT 진짜 공부를 시작할 때!

노경탁 지음

IR 리치캠프

목차

PART 3   **돈이 되는 메타버스 세상이 펼쳐진다**

메타버스라는 우주가 있기에 펼쳐지는 다채로운 꿈과 촘촘한 생태계

PART 4   **NFT 생태계의 확대와 NFT가 주는 의미**

어디서 어떻게 유통되는가, 그리고 우리는 어떻게 투자할 것인가

프롤로그

❖   ❖   ❖   ❖

바야흐로 NFT 시대이다. NFT에 대한 관심은 나날이 높아지고 있으며, 생각보다 다양한 곳에서 NFT 이야기를 접할 수 있다. 카카오톡의 친구 목록을 넘겨 보다보면, 이미 NFT를 본인의 프로필 사진으로 사용하고 있는 사람들이 보이기 시작할 것이다. 주식시장에서 NFT 관련주가 보이고, 스마트폰을 구매해도 NFT를 증정하는 등 기업들도 관심을 갖기 시작했다는 것은 의미 있는 변화라고 할 수 있다.

필자는 지난해까지만 해도 여의도 증권사의 주식 애널리스트로 활동했으며, 한국 산업 내 가장 큰 비중을 차지하고 있는 IT산업을 전문적으로 분석해왔다. 빠르게 변화하는 기술 트렌드를 관찰하고 분석하는 것이 익숙하다고 생각해왔지만, 블록체인, 메타버스, NFT 시장을 분석하면서 이 시장은 전통산업과는 비교할 수 없을 정도로 빠르며, 변화의 폭도 크다는 것이 느껴졌다. 블록체인 산업은 하루가 다르게 움직이고 있고, 블록체인이 세상에 미치는 영향 또한 적지 않다. 최근 NFT가 보여주고 있는 성장 속도는 놀랍고 흥미로우며, NFT라는 새로운 기술이 우리의 일상에 빠르게 접목되고 있다는 것이다. 필자는 블록체인에 새로운 매력을 느꼈고, 지금은 블록체인 기업에 다니면서 블록체인 생태계를 더 가까이서 경험하고 있다.

NFT는 이제 크립토시장에서 소수의 사람들 만이 향유하던 존재가 아닌, 이제는 크립토와 관련이 없는 일반 대중과 기업들이 관심을 갖고 신사업으로 고려하는 기술이 되었으며, 하나의 거대한 시장을 형성하기 시작했다. 2021년은 NFT가 대중에게 본격적으로 알려지기 시작했고, 단기간에 많은 자금이 집중됨에 따라 아직은 가격 변동성이 매우 큰 것은 사실이다. 하지만, NFT가 시장에서 주목을 받은 지 1년이 채 되지 않았고, 2022년은 기업들이 NFT 기술을 활용한 어플리케이션을 대거 선보이고 사람들이 이를 실생활에서까지 사용하는 해가 된다는 점에서 우리는 NFT가 가지는 가치, 우리에게 주는 효용, 산업적으로 미칠 영향에 대해 이해할 필요가 있다고 생각된다. 필자가 이 책에서 이야기하고 싶은 것은 어떻게 하면 인기가 많은 NFT를 구매할 수 있고, 어떻게 하면 NFT로 부자가 될 수 있을까 라는 것 보다는 사람들이 왜 NFT에 열광하며 사고 있고, 많은 돈을 투자하고 있는지, 왜 많은 기업들이 NFT 시장에 진입하고, 문을 두드리고 있는 것인가에 대한 것이라고 할 수 있다. 이 책을 통해 변화하고 있는 돈의 흐름, 인터넷이 처음 보급되었던 것과 같은 세상의 큰 트렌드 변화를 이해하는데 조금이나마 도움이 되었으면 하는 바람이다.

마지막으로 지금의 나를 있게 해준 사람들에게 이 자리를 통해 감사의 마음을 전하고 싶다. 블록체인이라는 새로운 꿈을 펼칠 수 있게 해주신 '다날'의 박성찬 회장님과 '다날핀테크'의 황용택 대표님, 애널리스트가 될 수 있도록 지원을 아끼지 않으셨던 '유진투자증권'의 유창수 부회장님과 이승우 센터장님, 제 원고를 좋게 봐주시고 좋은 책으로 만들어주신 메이크잇 박수인 대표님과 리치캠프 배혜진 대표님, 끝으로, 집필기간 동안 애써준 사랑하는 나의 아내에게 감사의 마음을 전한다.

NON - FUNGIBLE TOKEN

PART 1

NFT로 움직이기
시작하는 자금

NFT

일찍이 경험하지 못했던 디지털 자산, 그 거대한 시장의 문이 열리다

대중에게 알려지게 된 NFT

2021년 하반기 주식 시장을 가장 뜨겁게 달군 키워드는 뭐니 뭐니 해도 NFT라고 할 수 있다. 필자는 주식 시장의 애널리스트로 활동하면서, IT 산업과 인터넷 산업을 분석해왔다. 2021년 3월 메타버스 리포트를 작성하면서, NFT를 접하기 시작했고 새로운 트랜드의 변화가 시작될 것 같다는 느낌을 받았다. 그러한 느낌을 받은지 얼마 지나지 않아, NFT는 이제 크립토(crypto, 암호) 시장에서 소수의 사람들만이 향유하던 존재가 아닌, 이제는 크립토와 관련이 없는 일반인과 기업들이 관심을 갖고 신사업으로 고려하는 기술이 되었으며, 하나의 거대한 시

그림 1-1 | NFT에 대한 지역별 구글 검색량 추이 (자료: Google)

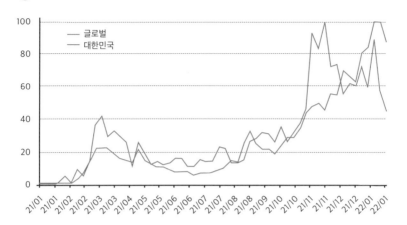

장을 형성하기 시작했다.

2021년이 NFT가 대중에게 본격적으로 알려지기 시작한 해였다면, 2022년은 기업들이 NFT 기술을 활용한 어플리케이션을 대거 출시하고 사람들이 이를 사용하는 해가 될 것이다. NFT가 시장에서 주목을 받기 시작한 지 1년이 채 되지 않았기 때문에, 아직은 가격 변동성이 매우 큰 것은 사실이다. 하지만 NFT가 지닌 가치, 우리에게 주는 효용, 산업적으로 미칠 영향이 크다는 점에서 우리는 왜 사람들이 NFT에 열광하고, 이 시장에 돈을 쏟아 붓고 있는지에 대해 좀 더 너른 관점에서 NFT 시장을 이해할 필요가 있다고 생각한다.

NFT가 대중에게 본격적으로 알려지기 시작한 것은 2021년 3월부터이다. 구글 트렌드와 네이버 트렌드에서 NFT 검색량을 보면 알 수 있듯이, 이전에는 NFT에 대한 관심이 전무했다고 할 수 있다. 이처럼 갑작스런 NFT 검색량의 폭증은 NFT 디지털 미술품이 고가에 팔리면서 언론이 크게 반응한 것에 기인한다.

디지털 아트 분야에서 가장 유명한 아티스트 중 한명으로 손꼽히는 비플(Beeple)은 10초 분량의 비디오 클립을 74억 원에 판매하였고, 테슬라 CEO 일론 머스크(Elon Musk)의 아내였던 가수 그라임스(Grimes)는 디지털 작품 NFT를 제작하여 65억 원이라는 큰 수익을 올렸다. 며칠 뒤, 크리스티 미술품 경매 시장에서 비플이 만든 디지털 작품이 785억 원에 낙찰되었고, 생존 작가의 작품 중 3번째로 비싼 가격이라는 사실에 시장의 관심은 폭발하였다. JPG 파일로 만들어진 그림이었기에, 언론에서는 "나도 배경화면으로 저장했다"든가 "똑같은 이미지를 100장 복사했다"는 등의 조롱도 심심치 않게 볼 수 있었다. 하지만 시장은 이를 비웃기라도 하듯, 이후에도 트위터 공동창업자 잭 도시의 첫 번째 트윗이 32억 원에 낙찰되었고, 뉴욕 타임스(NYT) 칼럼도 6억 원에 팔리는 등 예상치 못한 아이템들이 판매되었다.

NFT 역시 가상자산이기 때문에 비트코인의 흐름과 어느 정도 비슷한 모습을 보여주는데, 5월부터 NFT에 대한 관심은 다소 감소하였다. 이는 중국이 비트코인 채굴 금지를 선언하면서 가상자산 시장이 빠르게 냉각되었으며, 코인을 통해 거래가 이루어지는 NFT도 영향을 받은 것으로 추정된다. 그럼에도 불구하고, 글로벌 빅테크 기업들이 NFT 관련 투자를 지속해왔으며, 7월 비트코인의 가격 반등, 글로벌 결제 기업 비자카드(VisaCard)의 NFT 구입 등으로 시장의 관심은 다시 살아나기 시작했다.

이어, 많은 유명인사와 인기 브랜드도 NFT를 채택하는 움직임을 보이고 있으며, 하루하루 빠르게 변화하는 이 시장을 따라가기조차 어려울 지경에 이르렀다. 필자가 시장을 분석하고 자료를 작성하는 이 시점에도 새로운 것이 생겨나고 있으니 말이다. 필자는 나름 정보의 속도가 빠르다고 할 수 있는 주식 시장, 그 속에서도 변화가 큰 IT섹터를 담당해왔던 애널리스트임에도 불구하고, 최근 NFT가 보여주는 성장 속도는 놀랍고 흥미로운 일이 아닐 수 없다. 그만큼 NFT라는 새로운 기술은 우리의 일상에 빠르게 침투하고 있고, 다양한 산업군에서 NFT가 활용되기 시작했다고 볼 수 있다.

Ⓝ NFT란 무엇인가

먼저, NFT가 무엇인지 개념부터 정리하고 넘어갈 필요가 있다. NFT는 'Non-Fungible Token', 즉 '대체 불가능 토큰'이라는 뜻으로 토큰마다 별도의 고유한 인식 값을 부여하여 상호 교환이 불가능하게 만든 가상자산을 의미한다. 상당히 딱딱한 설명이겠으나, 쉽게는 '희소성'이라는 개념이 부여된 디지털 자산으로 풀이할 수 있다. 여기서 가장 중요한 것은 희소성인데, 인간이 경제적 판단을 하는데 작용하는 심리이자 본능이다. 현실 세계에서도 우리가 미술품이나 수집품, 한정판 등 희소한 자산에 더 많은 돈을 지불하면서도 가지고 싶어하는 것을 디지털화한 것이 NFT이다.

그렇다면, '대체 불가능하다'는 것은 무슨 의미일까? 같은 상품군 내에서도 더 가치가 있고, 희소한 무형의 가치가 존재함을 의미한다. 예를 들어, 우리가 사용하는 지폐는 어떤 것을 주고받아도 동일한 가치를 가지고 있기 때문에 Fungible(대체 가능)이라고 할 수 있다. 내가 친구한테 5만 원권 한 장을 빌려준 후 몇 달 뒤 5만 원을 돌려받아야 할 때, 내가 주었던 그 5만 원이 아니라 시중에 유통되고 있는 아무 5만 원권을 받아도 상관없는 것과 같다. 하지만 같은 5만 원짜리 지폐라 하더라도, 그것이 2009년 발행 당시 'AA1000000A'라는 일련번호를 단 것이라면, 다른 어떤 5만 원권 지폐로도 대신(대체)할 수 없을 것이다.

미술에서 판화는 그림과 글씨를 새긴 판을 이용해 종이나 천에 동일한 그림을 찍어내는 것으로, 한정된 수로 제작되는 것이 일반적이다. 판화 밑에는 50분의 1 혹은 100분의 4라는 숫자가 적혀 있어서, 찍어낸 전체 작품 중에서 그것이 정확히 몇 번째 판화인지를 드러내준다. 모두 동일하게 생긴 작품이지만, 사람들이 대부분 1번이나 10번, 100번과 같은 의미 있는 숫자를 선호하고, 그 작품은 유독 높은 가격에 거래되곤 한다. 이렇게 NFT는 해당 가상자산에다가 징표와 같은 고유한 인식 값을 부여하여 각각 다른 가격에 거래될 수 있게 하는 증명서 같은 것이라고 할 수 있다.

자산은 현실이냐 가상이냐, 그리고 대체 가능한가 불가능한가에 따

그림 1-2 | 대체 가능성으로 나눠본 자산의 종류 (자료: capital.com)

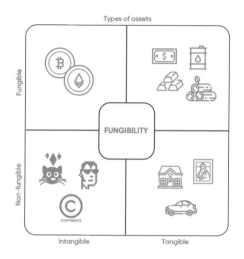

라서 위의 그림1-2에서 보는 것처럼 크게 4가지로 분류할 수 있다. NFT가 알려지기 전까지 토큰은 화폐, 원자재와 같이 가격에 초점을 맞춘 자산으로 인식되어 왔지만, 이제는 주택, 미술품, 소비재 등 문화와 가치관이 반영된 재화로 확장되고 있다.

　NFT는 디지털 자산의 진위 여부를 확인해주고 소유권을 가질 수 있게 하는 것이지만, 현실에서는 이를 시각적 혹은 직관적으로 확인할 수 없는 디지털 자산이다 보니 NFT의 가치에 대해서는 논란이 많을 수밖에 없다. 아무리 비싼 NFT 작품이라 할지라도, 해당 이미지 파일을 마우스로 오른쪽 클릭한 다음 다른 이름으로 저장할 수 있으며, 내 스마트폰이나 컴퓨터 바탕화면으로 사용할 수도 있다. 디지털 자산의 큰 특징 중 하나가 복사(Ctrl+C)라든지 붙여넣기(Ctrl+V)가 가능하다는 점이니까 말이다.

NFT의 가치가 한껏 부풀려 있다거나 엄청난 거품이 끼어 있다는 뉴스를 많이 접할 수 있다. 실제로 얼마 전까지만 해도 NFT는 비싼 존재였으며, 앞으로도 NFT가 엄청 저렴하다는 뉴스는 만나기 어려울 것이다. 이러한 관점은 디지털 자산인 NFT를 현실의 눈, 현실의 세상에서 바라보았기 때문에 발생한 가치충돌이 아닐까. 역시 디지털 자산은 디지털의 눈, 디지털 세상에서 생각해볼 필요가 있다.

디지털 세상은 블록체인으로 만들어진 메타버스 공간이며, NFT는 그 공간에서 사용되는 재화이자 거래되는 자산이다. 블록체인으로 만들어져 있기 때문에 위변조가 불가능한 자산인 것이다. 매우 극단적인 예로, 어떤 사람이 메타버스 안에 살고 있다고 가정해보자. 그가 우리가 살고 있는 현실 세상을 보았을 때, 사람들이 가치가 있다고 하는 주택이라든가 미술품, 귀금속, 자동차를 거래하는 행위를 무엇이라 생각할 것인가. 아마도 쓸데없는 행동이라고 볼지도 모른다. 어쩌면 가상공간에 가져갈 수도 없는 저 물건들을 왜 사고파는 것인지, 의아해할 수도 있을 것이다. 그만큼 NFT를 비롯한 디지털 자산은 아직 우리에게는 생소한 존재이며, 이를 받아들이는 데는 많은 시간이 소요될 것으로 예상된다.

우리는 아직 블록체인 메타버스 공간에서 활동하거나 일을 하는 등

내가 그의 이름을 불러 주기 전에는

그는 다만

하나의 몸짓에 지나지 않았다.

내가 그의 이름을 불러 주었을 때

그는 나에게로 와서 꽃이 되었다.

김춘수 <꽃> 중 일부

시간을 쓰고 있지 않고 필요성을 느끼지 못하는 단계이나, 글로벌 소셜미디어 기업인 페이스북(Facebook)이 회사명을 메타(META)로 바꿀 정도이니, 인식이 변화하기까지는 오랜 시간이 걸리지 않을 것으로 보인다. 메타버스 내 경제 활동이 활발해질수록 그곳의 재화인 NFT의 사용성과 가치는 높아질 것으로 전망된다.

NFT는 희소성에 가치가 부여되는 것이지만, 그것이 전부는 아니다. NFT는 재미있는 특성을 가지고 있다.

기술적인 면에서 NFT가 어떤 알고리즘으로 구현되는지를 보면, 개발자의 의도를 조금이나마 알 수 있다. NFT의 핵심 특징은 'Non-Fungible', 즉 "대체 불가능하다"는 것이며 ERC-721라는 이더리움 표준안을 사용한다. ERC는 Ethereum Request for Comment의 약자로 이더리움 블록체인 네트워크에서 발행되는 토큰의 표준이며, 그 뒤의 숫자는 수많은 제안 가운데 721번째의 제안이 채택되었기 때문에 붙은 것이다. ERC-721은 2018년 6월 21일 최종적으로 채택되면서, NFT 시대의 시작을 알렸다.

참고로, 최근에는 이더리움 블록체인 외에도 여러 플랫폼 블록체인에서도 NFT가 만들어지고 있다. 대표적으로 솔라나(Solana), 테라(Terra), 트론(Tron, TRC-721), 바이낸스 스마트 체인(Binance Smart Chain, BEP-721), 클레이튼(Klaytn, KIP-17) 등 각 블록체인마다 별도의 표준안이 존재한다. 하지만 NFT 시장에서 이더리움이 높은 비중을 차지하며, 긴 역사를 가지고 있다는 점에서 ERC-721은 NFT 코드의 대명사적 위치에 있다고 할 수 있다.

우리가 일반적으로 알고 있는 거래소에 상장되어 있는 암호 화폐는 ERC-20을 사용하는데, ERC-721의 코드를 살펴보면 발행(Mint)에서부터 ERC-20과 다르게 표현되어 있음을 알 수 있다. 그림1-3의 ERC-20 코드에서는 토큰의 양(amount)이 여러 함수 안에 표시되어 있다. 토큰이 몇 개 있는지, 몇 개를 주고받았는지가 중요하다는 얘기다. 우리 지갑에 5만 원권 지폐가 몇 장이 있어서 얼마를 가지고 있는지 알 수 있는 것과 동일하다.

반면, ERC-721은 대체 불가능성을 위해 토큰 ID(tokenId), 소유자(owner) 등 소유권과 관련된 코드가 주로 사용된다. 주택을 취득하거나 자동차를 구입하는 경우, 나의 소유권을 주장하기 위해 문서에 나의 이름과 주민번호 등 개인정보를 적어 넣는 것과 마찬가지로, NFT

그림 1-3 | ERC 20 코드와 ERC 721 코드의 차이점 (자료: EIPS)

```
constructor (name, symbol, decimals)
name()
symbol()
decimals()
totalSupply()
balanceOf(account)
transfer(recipient, amount)
allowance(owner, spender)
approve(spender, amount)
transferFrom(sender, recipient, amount)
increaseAllowance(spender, addedValue)
decreaseAllowance( spender, subtractedValue)
_transfer(sender, recipient, amount)
_mint(account, amount)
_burn(account, amount)
_approve(owner, spender, amount)
_burnFrom( account, amount)
```

ERC 20 코드

```
balanceOf(owner)
ownerOf(tokenId)
approve(to, tokenId)
getApproved(tokenId)
setApprovalForAll(to, approved)
isApprovedForAll(owner, operator)
transferFrom(from, to, tokenId)
safeTransferFrom(from, to, tokenId)
safeTransferFrom(from, to, tokenId, _data)
_safeTransferFrom(from, to, tokenId, _data)
_exists(tokenId)
_isApprovedorOwner(spender, tokenId)
_safeMint(to, tokenId)
_safeMint(to, tokenId, _data)
_mint(to, tokenId)
_burn (owner, tokenId)
_burn(tokenId)
_transferFrom(from, to, tokenId)
_checkOnERC721Received(from, to, tokenId, _data)
```

ERC 721 코드

　　메타버스로 가는 NFT 로드맵

그림 1-4 | 중앙화된 기존 서버 방식과 IPFS 방식 (자료: DataGateway, Inc.)

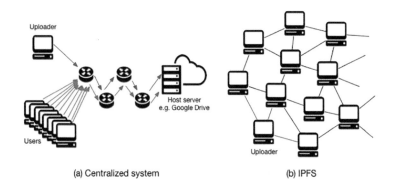

블록에 나의 지갑 주소를 기록하게 된다. 두 번째 항목인 ownerOf라는 함수에서 토큰 ID를 파라미터(parameter)로 넣으면 이 토큰의 소유자가 누구인지를 알려준다. 토큰의 이동 과정을 보면, ERC-20은 전송(transfer) 단계에서 송신주소(sender)에서 수신주소(recipient)로 양(amount)만큼의 토큰을 보내게 되지만, ERC-721은 권한과 tokenId를 송신주소(from)에서 수신주소(to)로 변경하는 과정을 거친다.

NFT에는 자산 고유 ID와 생성 순서 외에도 작품명과 이미지 등 디지털 자산을 나타내는 세부 정보가 담겨있는데, 데이터 크기에 따라 온체인이 아닌 오프체인에 데이터를 저장할 수 있다. 온체인은 블록체인 위에 기록되는 것으로 블록체인 네트워크에서 발생하는 거래(transaction)를 의미한다. 오프체인은 블록체인 외에 기록되는 것으로, 블록체인에 직접 기록하는 방식이 아닌 특정 거래를 별도로 외부에 기록하는 것을 말한다. 온체인 블록체인에 메타데이터를 모두 기록하는 것이 가장 좋은 방법이겠으나, 크기가 커짐에 따라 블록체인이 무거워지고, 가스비(거래 수수료)가 증가하는 문제가 발생할 수 있다.

이러한 경우, 합의 과정이나 검증이 필요 없어 빠른 처리가 가능한 오프체인을 이용할 수 있으며, tokenURI 함수를 활용하여 언급된 URI로 이동하여 메타데이터를 확인할 수 있다. NFT의 정보를 오프체인에 저장할 경우, 아마존 웹서비스(AWS)와 같은 클라우드 스토리지 솔루션을 이용할 수 있지만, 해킹이나 불의의 화재로 업체 서버에 문제가 발생할 가능성을 배제할 수 없다. NFT의 메타데이터 소실은 치명적인 손해를 가져올 수 있기 때문에, 탈중앙화 분산형 파일시스템인 IPFS(InterPlanetary File System)에 대한 수요가 지속적으로 증가하고 있다. NFT가 거래되는 장터 혹은 마켓 플레이스인 오픈씨(OpenSea)도 NFT 제작자가 IPFS 및 파일코인을 사용하여 NFT를 적절하게 분산할 수 있도록 지원하고 있다.

IPFS는 파일과 아이디로 처리되는 하이퍼 미디어 프로토콜로, 동일한 파일 시스템으로 모든 컴퓨터 장치를 연결하기 위해 만들어졌다. 현재 사용되고 있는 월드와이드웹(WWW)의 HTML은 기업들의 데이터 센터에 데이터가 저장되고 있어, 서버가 다운되거나 해킹을 당할 경우에 취약하다는 단점이 있다. IPFS의 특징은 콘텐트 주소로, 모든 컴퓨터가 분산 서버 역할을 하여 더 빠르고 안전한 웹의 구현을 목표로 하고 있다. 데이터 공유 방식이 단일 서버가 아닌 모든 네트워크 참여자들의 P2P 방식으로 탈중앙화한 웹이며, NFT에 사용되는 메타데이터를 안전한 공간에 기록할 수 있다.

최근 들어, Web3.0에 대한 관심이 높아지고 있는 상황이며 NFT와 메타버스 시장의 확장으로 안전한 데이터 저장에 대한 수요가 증가하고 있기 때문에 지속적인 관심이 필요하다. 현재 파일코인 IPFS의 전체 네트워크 유효 스토리지는 15.6EiB(엑스비바이트, exbibyte)에 달하며, 하루 10PiB(페비바이트, pebibyte)가 증가하고 있다. 치아 네트워크(Chia Network)의 네트워크 공간도 30.2EiB으로 매우 큰 규모이다. 엄청난 규모의 데이터가 생성되고 있는 것인데, 전 세계 모든 데이터 중 90퍼센트가 지난 2년 동안 생성될 만큼, 데이터 생성량은 급속도록 증가하고 있는 상황이다.

시장 조사 기관 IDC에 따르면, 2022년 전 세계에서 약 80ZB(제타바이트, zettabyte)의 데이터가 생성될 것으로 내다봤으며, 이는 DVD 19조 장에 해당하는 데이터 양이다. 2005년 생성된 데이터 양은 0.12ZB에 불과했으나, 2025년에는 163ZB가 생성될 것으로 예상된다. 이는 매일 2.5조MB(메가바이트, megabyte)의 데이터가 만들어지고 있음을 의미한다. 점차 디지털 자산이 부각되고 메타버스 시대로 진입하면서, 전 세계 데이터 생성량은 더욱 폭발적으로 증가할 것으로 전망된다.

ⓝ 대중화로 시장 자금을 흡수한 2021년 NFT 시장

NFT 데이터 분석 사이트 NonFungible에 따르면, 이더리움 블록체인 상의 NFT 거래 대금 기준 시장 규모는 2018년 3,676만 달러, 2020년 6,683만 달러에 불과했다. 이는 필자가 NFT 대중화 시점으로 간주하는 2021년 3월 이전의 데이터이기 때문에, 주로 크립토 생태계에 있는 사람들과 코인 거래를 해오던 사람들 간의 거래라고 볼 수 있다. 하지만 2021년은 NFT가 대중에게 알려지기 시작했고, 코인과 관련성이 낮았던 미술품, 게임, 엔터테인먼트 등 일반 기업들의 참여가 이루어지면서 2021년에는 196억 달러(약 23조 원)가 거래되는 거대 시장으로 변모했다.

이 수치는 이더리움 블록체인 내 프로젝트를 기준으로 한 것이며, 기타 플랫폼 블록체인 및 이더리움 사이드체인에서 거래되는 NFT까지 고려하면 1년 전과 비교해 300배가 넘는 자금이 NFT 시장으로 흘러들어왔다고 볼 수 있다. 필자는 2021년 NFT가 반짝 성장을 보인 후 다시 쇠퇴의 길로 들어설 것으로 보지 않는다. 오히려 2021년이 NFT를 알리는 해가 되었다면, 2022년은 NFT가 본격적으로 우리들의 생활 반경 안으로 침투하는 해가 될 것으로 전망한다.

가장 대표적인 거래소인 오픈씨의 NFT 거래 금액은 2021년 8월 34.3억 달러로 폭증했다. 일별로는 8월 29일에 3.5억 달러을 찍은 후 소강 상태를 보였지만, 그후로도 일평균 7천~8천만 달러를 기록하고

그림 1-5 | 오픈씨 월별 거래대금 동향 (자료: NonFungible)

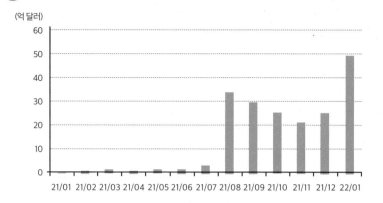

(억 달러)

있다는 것은 과거와는 달라진 점이다. 그리고 넘을 수 없을 것 같았던 8월의 거래량을 2022년 1월(49.5억 달러) 다시 한번 경신하면서, 2020년의 NFT 열풍이 단순한 거품이 아니라 장기 성장 가능한 시장임을 입증하였다.

NON - FUNGIBLE TOKEN

PART 2

산업 전반으로
퍼져나가는 NFT

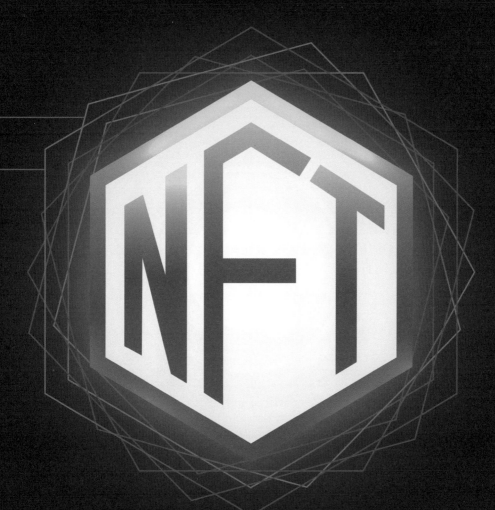

예측조차 할 수 없는 변화무쌍함, 상상을 불허하는 무한의 가능성

NFT 개념은 비트코인 체인 위에서 처음 시작되었다. 일찍이 2012년 암호화폐 거래 플랫폼 이토로(eToro)의 CEO 요니 아씨아(Yoni Assia)의 'Bitcoin 2.X(aka Colored Bitcoin) Intial specs'라는 글에서, 실물 자산과 연결되고 비트코인 블록체인에서 관리되는 토큰인 컬러드 코인(Colored Coin)이란 개념과 아이디어가 소개된 바 있다. 'Non Fungible'이라는 단어를 사용하지는 않았지만, 컬러드 코인은 최초의 NFT라고 볼 수 있다. 이후, 2014년에는 3명의 개발자가 비트코인에 스마트 계약서와 같은 스크립팅 기능을 제공하는 플랫폼인 카운터파티(Counterparty)를 선보였다.

이를 기반으로 여러 가지 NFT 프로젝트가 진행되었다. 2015년 출시된 Spells of Genesis는 트레이딩 카드 게임의 수집 및 전략 아케이

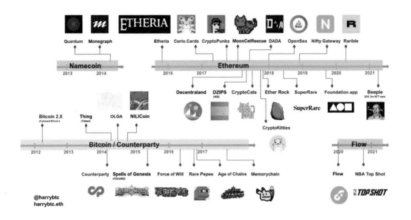

그림 2-1 | 블록체인별 NFT 타임라인 (자료: @HarryBTC)

드 게임을 구현했으며, 2016년 출시된 Rare Pepes는 일종의 밈인 Pepe Frog 이미지를 거래할 수 있도록 하였다. 현재 크립토 시장 참여자들에게 가장 영향력 있는 컬렉터블 중 하나인 크립토펑크도 ERC-721 이전에 출시된 프로젝트이며, 크립토키티를 시작으로 ERC-721 기반의 프로젝트가 본격적으로 확장되기 시작하였다.

ⓝ 인간의 소유욕을 자극하는 컬렉터블 NFT

수많은 NFT 프로젝트 중 하나를 꼽으라고 한다면, 그건 단연 크립토펑크(CryptoPunks)일 것이다. 크립토펑크는 NFT의 시초라고 평가될 만큼 역사적으로 큰 의미를 갖는다. 이 프로젝트는 가상자산의 개념을 강화하고, NFT 발행 표준인 ERC-721 개발에 영향을 주었으며, NFT 시장 형성에 토대를 만들었기 때문이다. 크립토펑크는 2017년 6월 뉴욕 소프트웨어 회사 라바 랩스(Larva Labs)가 개발한 이더리움 블록체인 기반 NFT 프로젝트로, 가로세로 24픽셀로 이루어진 얼굴 이미지의 아바타이다. 총 10,000개가 발행되었으며, 외모, 성격, 스타일 등 다양한 속성으로 구성된 것이 특징이다. 각 속성은 확률을 가지고 있기 때문에 희귀도(Rarity)로 표현될 수 있으며, 희귀한 속성을 많이 가진 펑크는 바로 그 희귀성 때문에 높은 가치를 가지게 된다.

예를 들어, 전체 10,000개의 펑크 중 비니를 쓴 펑크는 44개, 스트레이트 금발 헤어 펑크는 144개, 경찰 모자 펑크는 203개, 담배를 피고 있는 펑크는 961개 등 다양하며, 모자와 머리 모양, 악세서리에 따라 다양한 추가 속성이 있다. 펑크의 유형별로는 남자 6,039개, 여자 3,840개, 좀비 88개, 유인원 24개, 외계인 9개로도 구분할 수 있다. 쉽게 알 수 있듯이 9개밖에 없는 외계인은 매우 희귀하며, 그 중 카우보이 모자(142개), 메디컬 마스크(175개)과 같은 희귀 속성이 같이 포함되어 있는 것은 더욱 높은 가치를 가질 것으로 보인다.

현실 세계에서 미술품의 개인 간 거래 혹은 소유권의 이동은 알기가 어렵지만, NFT는 블록체인 상에 모든 것이 기록되기 때문에 거래, 소유권 이동 등 변화가 있을 경우 그 순간 투명하게 알 수 있다. 따라서 내가 원하는 NFT의 최근 거래 가격이나 높은 가격에 거래된 정보를 쉽게 얻을 수 있다는 것은 기존 경제 시스템에서 볼 수 없었던 새로운

Punk Types

Attribute	#	Avail	Avg Sale ❶	Cheapest ❶	More Examples
Alien	9	2	8KΞ	15.5KΞ	
Ape	24	0	2.5KΞ		
Zombie	88	4	1.04KΞ	1.7KΞ	
Female	3840	478	72.25Ξ	66.90Ξ	
Male	6039	837	80.88Ξ	69.43Ξ	

Largest Sales
See all top sales

1	2	3	4	5	6
#5822	#3100	#7804	#5577	#4156	#5217
8KΞ ($23.7M)	4.2KΞ ($7.58M)	4.2KΞ ($7.57M)	2.5KΞ ($7.7M)	2.5KΞ ($10.26M)	2.25KΞ ($5.45M)
Feb 12, 2022	Mar 11, 2021	Mar 11, 2021	Feb 09, 2022	Dec 09, 2021	Jul 30, 2021

7	8	9	10	11	12
#8857	#7252	#2140	#2338	#6275	#7121
2KΞ ($6.63M)	1.6KΞ ($5.33M)	1.6KΞ ($3.76M)	1.5KΞ ($4.32M)	1.32KΞ ($5.12M)	1.18KΞ ($3.08M)
Sep 11, 2021	Aug 24, 2021	Jul 30, 2021	Aug 06, 2021	Sep 04, 2021	Jan 30, 2022

경험이 될 수 있다. 크립토펑크에서도 이러한 정보를 얻을 수 있는데, 2022년 2월 기준으로 가장 높은 가격에 팔렸던 펑크는 #5822 외계인으로 8,000ETH(약 2,370만 달러)에 거래되었다. 이외에도 상당히 많은 통계 데이터를 확인할 수 있는데, 최저 가격(Floor Price, 66.9ETH, 17.6만 달러), 크립토펑크를 보유한 지갑 수(3,397개), 과거부터 지금까지 총 거래액(68만 ETH, 20.4억 달러), 각 속성별 최저 가격 등 재미있는 것들이 많다.

가장 유명한 크립토 NFT 프로젝트답게 세계적인 미술품 경매 회사인 크리스티(Christie's)에서 지난 2021년 5월 열린 21세기 이브닝 세일에도 크립토펑크 NFT가 출품된 적이 있었다. 라바 랩스 공동 설립자 매트 홀(Matt Hall)과 존 왓킨슨(John Watkinson)이 보유한 희귀 크립토펑크 9종이 경매 대상이었으며, 낙찰가는 예상 가격의 2배인 약 1,700만 달러에 달했다. 이 낙찰 역시 트랜잭션을 통해 확인할 수 있는데, 2021년 6월 9일 '0xc352b5…' 지갑에서 '0x897aea…' 지갑으로 크립토펑크 9종이 이동(Transfer)되었으며, 낙찰자는 아직 9개 크립토펑크를 보유하고 있다.

이 중 외계인 펑크 #635만 매물로 내놓고 있는데, 15,500ETH(4,635만 달러)라는 가격을 제시하고 있다. 역대 최고가보다 훨씬 더 높은 가격이기 때문에 판매가 될지는 의문이겠으나, 같은 외계인 펑크 #6089를 23,000ETH에 사겠다는 매수 주문이 걸려 있어 판매될 경우 낙찰가의 몇 배에 달하는 수익을 거두는 결과가 될 것이다.

NFT 시장에 엄청난 규모의 돈이 유입되면서, 많은 프로젝트의 가격

그림 2-5 | 2021년 5월 크리스티에서 경매 중인 크립토펑크 (자료: Christie's)

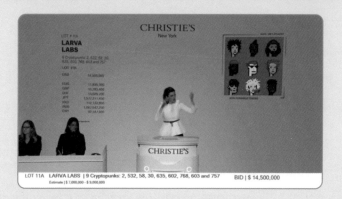

그림 2-6 | 크리스티 경매에서 크립토펑크를 낙찰받은 지갑 (자료: Larva Labs)

Account Details

0x897aea3d51dcba918c41ae23f5d9a7411671dee0

👁 Click to Watch this Account

EtherScan	OpenSea Account	ENS Name
0x897aea3d51dcba918c	None	alien635.eth

Total Punks Owned	Last Active	Total Amount Spent Buying Punks
9	2 months ago	0.00Ξ ($0.00)

Bids On Owned Punks	Value of Bids On Owned Punks	Total Amount Earned Selling Punks
2	8.03Ξ ($24,202)	0.00Ξ ($0.00)

Current Bids Placed By This Account	Value of Current Bids Placed	People Watching This Account
0	0.00Ξ ($0.00)	11

9 Punks Owned

1 Punk for Sale by this Account

23K3
$69.32M

이 큰 폭으로 상승했는데, 글로벌 결제 기업 비자카드 등 유명 기업의 참여도 NFT 열풍에 크게 기여했다. 비자는 2021년 8월, 가상자산 시장에 대한 이해도를 높이기 위해 크립토펑크 #7610을 49.5ETH(약 15만 달러)에 구입하였고, 많은 이들이 그 존재를 알게 되면서 가격은 크게 치솟았다. 2022년 2월 20일 기준, 크립토펑크의 최저 가격은 66.9ETH(약 17.6만 달러)이며, 최근 1개월 거래 대금은 53,580ETH(1.5억 달러)로 크립토 NFT 프로젝트 중 다섯 번째 규모를 유지하고 있다.

크립토펑크도 품질 높은 그림체라고 할 수는 없지만, 이더락(EtherRock)이라는 토큰은 그보다 더 신선한 충격을 준다. 2017년 시작된 이더락은 크립토펑크 직후에 시작된 이더리움 블록체인의 컬렉터블 NFT 프로젝트로, 다양한 색깔의 돌멩이 그림이 그려져 있다. 공식 사이트에서도 이 가상의 돌은 사고파는 것 외에 할 수 있는 것이 없다고

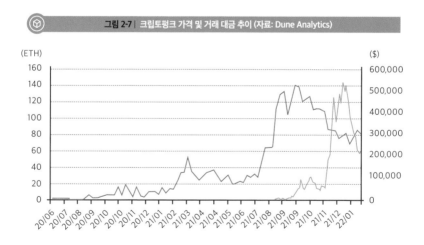

그림 2-7 | 크립토펑크 가격 및 거래 대금 추이 (자료: Dune Analytics)

명시하고 있으며, 단지 이더락을 가지고 있다는 강한 자부심을 준다고 되어 있다. 하지만 특이한 점은 단 100개만 발행되어 있다는 점이다. 수량이 적기 때문에 거래가 활발하지는 않지만, 오랜 히스토리와 희소성을 기반으로 상당히 높은 가격에 거래되고 있다. 2022년 2월 기준 이더락의 최저 가격은 275ETH(77만 달러)이며, EtherRock #27은 2020년 8월 888ETH(287만 달러)에 거래되기도 하였다.

이러한 NFT를 보통 PFP(Picture for Profile 혹은 Profile Picture)라고 하는데, 카카오톡, 텔레그램, 트위터, 페이스북, 인스타그램과 같은 소셜미디어와 커뮤니티에서 본인을 나타내는 프로필 사진으로 활용할 수 있는 디지털 아트를 가리킨다. 빠르게 성장하고 있는 PFP 시장에 발맞춰 트위터는 인증된 NFT를 본인의 프로필 사진으로 사용할 수 있도록, 육각형 모양의 프로필 사진기능을 제공하기 시작했다. 디지털 이미지의 도용을 방지하기 위한 배려가 돋보인다. 그렇다면, 단순히 프로필 사진으로 쓰기 위해 NFT를 큰 금액을 주고 사는 걸까? 고가의 NFT를 보유하고 있다는 것을 많은 사람에게 알릴 수 있고, 돈을 많이 벌었다는 것을 과시하기 위한 MZ세대들의 NFT플렉스라고 치부하기에는 그 시장 규모가 너무 커진 것도 사실이다. 그래서 나는 NFT의 가치를 커뮤니티적 성격에서 찾아보고자 한다.

앞서 언급한 크립토펑크를 비롯하여 대부분의 PFP NFT는 1만 개의 발행을 기준으로 한다. 이더락처럼 100개로 발행량을 줄일 수도 있지만, 중요한 것은 그 수가 한정되어 있다는 것이다. NFT는 비트코

그림 2-8 | 소유하면 강한 자부심을 주는 이더락 (자료: EtherRock)

그림 2-9 | NFT를 프로필 사진으로 사용할 수 있게 만든 트위터 (자료: Twitter)

인처럼 소수점 단위로 살 수 없기 때문에, 크립토펑크를 소유할 수 있는 사람은 전 세계에서 10,000명을 넘어설 수 없다. 특정 프로젝트의 NFT 보유자는 NFT를 나의 지갑에 보관하는 것으로 끝나지 않고, 이를 가진 홀더(Holder), 즉, 소유자로서 하나의 커뮤니티를 만들어간다. 크립토 생태계에서 많이 사용하는 애플리케이션인 디스코드(Discord)를 살펴보면 보유자를 위한 Verify, 즉, 인증 시스템을 갖추고 있으며 보유자들만이 들어갈 수 있는 사적인(private) 공간이 존재한다.

PFP 형태의 디지털 아트 NFT는 특정 커뮤니티에 들어가기 위한 회원권 혹은 입장권이라고 할 수 있다. 현실 세계에서도 커뮤니티 혹은 사교 모임이 매우 다양하게 존재한다. 인간은 사회적 동물로서 특정 관심 분야나 문화를 타인과 공유하며 유대감을 형성하기를 원한다. 당신은 사내 동아리나 대학교 동아리, 학교 동문회 등 모임에 참석해 본 경험이 있을 것이고, 네이버 카페나 다음 카페에서 'OOO를 좋아하는 사람들의 모임'에 가입하여 전혀 몰랐던 사람들과 대화를 나누기도 했을 것이다.

다만, 이런 모임이 NFT 커뮤니티와 다른 점은 참여할 수 있는 인원이 제한된다는 점이다. NFT는 한정된 발행량을 설정할 수 있기 때문에 희소성이 있으며, 한정된 자원을 가진 사람들 간의 커뮤니티를 형성한다는 점에서 인간의 소유욕을 자극한다. 회사도 하나의 커뮤니티다. 회사에 근무한다는 것은 나에게 소속감을 갖게 해주며, 사회적으로도 나의 사회적 지위나 사회적 가치를 증명하는 수단이 되기도 하니까 말이다. 많은 사람이 대기업이나 공기업을 목표하고 있는 것도 비슷한 이유에서일 것이다.

PFP NFT를 사는 사람들은 NFT 커뮤니티에 소속되기 위해 그에 걸맞은 돈을 지불하는 것이다. 즉, NFT의 가격은 그 커뮤니티의 가치를 나타내는 지표라고 할 수 있다. NFT의 특성상 각각의 가치가 다르지만, 크립토펑크의 최저 가격과 총 발행량 1만 개를 감안하면 크립토펑크의 커뮤니티 가치는 최소 3조 원이라고 할 수 있다.

앞에서 소개한 프로젝트 외에도 NFT는 대단히 많고, 지금 이 순간에도 새로운 NFT가 발행되고 있다. NFT 민팅 가격(발행 가격)보다 10배 이상 높게 거래되는 신생 프로젝트도 쉽게 찾아볼 수가 있는데, 커뮤니티 요소를 제외하면 이들의 내재 가치는 '0'에 가깝다. 아직 커뮤니티가 형성될 만큼 시간도 많이 지나지 않았으며, 이제 갓 법인 등록을 마친 스타트업과 같기 때문이다. 다만, 이들이 제시하고 있는 프로젝트 로드맵과 앞으로 형성될 커뮤니티 가치에 사람들이 베팅하는 것일 뿐이다.

그러나 기업에 투자하는 것과는 분명히 다른 측면이 있다. 구성원들의 참여가 그것이다. 기존 주식회사나 플랫폼의 경우, 집단을 성장시키거나 콘텐트를 만들어낸 참여자들은 커뮤니티의 이익을 가져가는 것이 사실상 쉽지 않다. 중고 거래 플랫폼을 생각해보면, 물건을 사고파는 사람들이 각자의 이익을 위해 플랫폼을 이용하고 있으나, 플랫폼이 성장하는 부분에 대해서는 아무런 이득을 취할 수 없는 것이 현실이다. 이러한 구조를 개선한 것이 주식회사의 형태로, 주주는 자신의 권리를 행사하고 회사가 성장할 때 그에 걸맞은 배당과 시세 차익을 통해 보상을 받는다. 그러나 경영권 방어를 위한 대주주 시스템과 이사회 제도 등 일반인이 접근하기 어려운 부분도 있다. 또한, 회사를 성장시키는 중추적 역할을 하는 직원들 역시 회사의 성장이라는 과실을 쉽게 얻지 못한다.

하지만 NFT 커뮤니티가 완벽하지는 않지만 구성원들의 노력이 본인의 성공으로 이어질 수 있는 가능성은 상대적으로 높다. NFT의 초기 민팅 시, 프로젝트를 이끈 개발진의 몫이 일부 할당되어 있으나, 80~90퍼센트는 일반 대중에게 살 수 있는 기회를 제공한다. 또한, NFT를 민팅한 사람은 그 프로젝트의 일원으로서 커뮤니티를 활성화시키고, 자신의 자산을 보호하기 위해 거버넌스(Governance, 네트워크 방식의 수평적인 협력 구조) 투표에 참여하는 등, 한 집단의 초기 엑셀러레이터(Accelerator, 가속 장치) 역할을 하게 된다. 투자를 한 후 방치하는 게 아니라, 공통의 이익을 위해 함께 노력하고, 성장한 커뮤니티의 가치를 함께 나누는 것이 NFT의 본질이다.

커뮤니티 내 교류가 상당히 활발한 대표적인 NFT는 BAYC(Bored Ape Yacht Club)라고 할 수 있다. 2021년 4월 첫 민팅이 된 BAYC는 짧은 시간에도 불구하고, 컬렉터블 NFT 거래규모 4위를 기록하고 있는 프로젝트이다. 이건 비교적 최근에 만들어진 NFT로, 초창기 NFT 대비 높은 퀄리티의 작품(artwork)을 보여준다. 지루해하는 표정을 짓고 있는 유인

그림 2-10 | 커뮤니티 결속력으로 고속 성장하는 BAYC (자료: BAYC)

와 유사하다. 배경색을 포함하여, 모자, 눈, 의상 등 170가지 다른 특성의 맞춤형 생성 알고리즘으로 희소성을 부여하였다.

　BAYC에는 확실한 커뮤니티와 스토리텔링 요소가 존재한다. Bored Ape는 Yacht Club 멤버십 카드로 사용되며, 회원 전용 혜택에 대한 액세스 권한을 부여한다. BAYC NFT 보유자는 공식 웹사이트에서 개인 지갑 인증을 통해 Bathroom에 들어갈 수 있으며, 무엇이든 쓰고 그릴 수 있는 협업 예술 공간의 재미를 누리게 된다. 그 외에도 BAYC가 운영하는 디스코드 채널에는 현재 약 10만 명의 멤버가 가입해 커뮤니티 교류가 이루어지고 있다.

　BAYC는 2021년 11월 첫 주에 뉴욕에서 요트 파티인 ApeFest를 개최했는데, 1천여 명의 BAYC 홀더들이 대형 요트에 몰려들었다. 이후 참석자들이 트위터를 통해 커뮤니티 이벤트, 갤러리 전시, 자선 경매 등 친목 활동의 인증 사진을 올리면서 많은 사람의 부러움을 샀다. 커뮤니티는 지속적인 NFT 가치 상승을 위해 각종 에어드랍, 유튜브 채널 운영, BAYC 상품 스토어 등 홀더들에게 혜택이 돌아갈 수 있도록 차별화를 시도하고 있다. 해외 유명인들도 BAYC 홀더임을 인증하는 사례가 많아졌다. 대표적으로 NBA 스타 스테픈 커리(Stephen Curry), 미국 방송 진행자 지미 팰런(Jimmy Fallon), 가수 에미넴(Eminem), 포스트 멀론(Post Malone), 스눕 독(Snoop Dogg), 체인스모커즈(Chainsmokers), 기업가 마크 큐번(Mark Cuban)도 이를 보유한 것으로 알려졌고, 2022년 1월에는 저스틴 비버(Justin Bieber)도 BAYC 홀더가 되었다.

저스틴 비버의 것으로 추정되는 지갑은 BAYC #3001으로 BAYC 역사상 7번째로 높은 가격인 500ETH(약 15억 원)에 거래되었다. 판매자는 2021년 5월에 0.24ETH에 해당 NFT를 구입했기 때문에, 1년도 지나지 않아 20만 퍼센트의 수익을 거두었다는 얘기다. 여기서 흥미로운 것은 비버가 구입한 BAYC는 그리 희소하지도 않은 원숭이라는 점이다. Rarity.tools에 따르면 해당 NFT의 희소성 점수는 53.66으로 전체 1만 개 중 9,777번째에 해당하는 것으로, 일반적으로는 최저 가격에 판매되어야 할 NFT인 것이다. 저스틴 비버가 이 NFT를 구입한 것은 본인의 생일이 3월 1일이기 때문일 가능성이 높다. 기본적으로 NFT의 희소성은 시장 가격을 형성하는 데 중요한 척도가 되고 있지만, 개인에게 의미 있는 숫자 역시 NFT 시장에서 높은 가격에 거래될 수 있다.

그림 2-11 | 저스틴 비버가 구입한 BAYC 아이템 (자료: BAYC)

다시 BAYC 프로젝트 이야기를 이어가도록 하자. 민팅 당시 0.08ETH(약 25만 원)에 판매되었던 BAYC는 차별화된 커뮤니티 결속력과 NFT 열풍에 힘입어 4개월 만에 최저 가격 15ETH까지 상승하는 기염을 토했다. 단시간에 수천만 원에서 수억 원을 줘야 살 수 있는 NFT가 되면서 많은 홀더를 기반으로 한 커뮤니티 확장에 어려움이 생기기 시작했다. 이에 따라, 더 많은 유저를 확보하기 위해 Mutant Ape Yacht Club이라는 새로운 프로젝트를 공개하였다. 이 프로젝트는 BAYC와 차별화하기 위해 발행량을 2만 개로 늘리고, 가격을 한 단계 낮춘 멤버십이다. 새로운 NFT를 발행하는 과정에서 기존 BAYC 보유자에게 시럼(Serum)이라는 물약을 에어드랍(airdrop, 무료 제공)하여, 자신의 NFT를 돌연변이화하여 새로운 MAYC를 얻을 수도 있게 했다.

　결론적으로, 기존 보유자를 만족시키면서 커뮤니티의 규모를 단번

그림 2-12 | BAYC에 물약을 먹이면 탄생하는 MAYC (자료: BAYC)

에 확대할 수 있는 사례가 되었다. MAYC는 4~5ETH의 최저 가격을 유지하다가 현재 16ETH까지 가격이 상승하고 있다. 최근 BAYC 개 발팀 유가 랩스(Yuga Labs)는 모바일 게임 Apes vs Mutants를 출시했으 며, BAYC 및 MAYC NFT 보유자는 게임을 통해 추가 보상을 얻을 수 있다.

BAYC는 강한 커뮤니티 결속력과 NFT 가치 상승을 위한 전략으로 짧은 역사임에도 불구하고, 전통의 크립토펑크보다 더 큰 가치를 평가받고 있다. 현재 크립토펑크의 최저 가격이 67.7ETH인데 반해, BAYC의 최저 가격은 71.5ETH로 2021년 말부터 처음으로 가격 역전이 발생했다. 또한, 홀더들에게 에어드랍되었던 BAKC(Bored Ape Kennel Club)는 6.4ETH, 파생된 NFT인 MAYC(Mutant Ape Yacht Club)는 15.8ETH, MAYC를 만들기 위한 물약인 M1 시럼은 16.99ETH, M2 시럼은 34.89ETH이기 때문에, BAYC 홀더들은 이미 크립토펑크보다 더 많은 총 가치를 가지고 있다고 할 수 있다.

NFT 시장에서 이더리움 블록체인의 영향력은 상당하다. NFT 총 거래 대금 1위부터 20위 프로젝트 중에 로닌(Ronin) 블록체인의 엑시인피니티(AXS), 플로우(Flow) 블록체인의 NBA Top Shot과 왁스(Wax) 블록체인의 파머즈 월드(Farmers World)를 제외하면 모두 이더리움 블록체인을

그림 2-13 | 크립토펑크와 BAYC의 가격 추이

그림 2-14 | 거래 규모로 본 NFT 컬렉션 순위 (자료: CryptoSlam)

NFT Collection Rankings by Sales Volume (All-time) ❷

	Collection		Sales		Buyers	Txns	Owners
1	⋈ Axie Infinity	🄷	$3,944,060,312	📈	1,554,907	13,706,420	2,957,155
2	♟ CryptoPunks	◆	$2,001,750,639	📈	5,154	20,087	3,464
3	🐵 Bored Ape Yacht Club	◆	$1,305,267,568	📈	9,399	24,465	6,308
4	∿ Art Blocks	◆	$1,183,217,077	📈	26,094	140,402	30,183
5	◎ NBA Top Shot	Ⓕ	$898,677,509	📈	407,836	15,768,129	648,662
6	🐵 Mutant Ape Yacht Club	◆	$835,593,263	📈	14,617	25,551	11,705
7	🔳 Meebits	◆	$390,404,633	📈	8,399	25,686	
8	⌐ CloneX	◆	$368,917,168	📈	6,178	11,691	
9	🅂 The Sandbox	◆	$364,031,634	📈	20,833	46,677	19,130
10	▬ Azuki	◆	$280,688,908	📈	9,596	19,443	
11	⬤⬤ Loot	◆	$276,401,427	📈	3,914	10,939	
12	🐤 Doodles	◆	$273,235,048	📈	9,835	18,793	5,984
13	🐱 Cool Cats	◆	$268,076,440	📈	9,098	25,157	5,129
14	◉ Sorare	◆	$211,048,354	📈	63,154	1,240,194	88,303
15	⚡ Parallel Alpha	◆	$209,004,174	📈	16,793	85,212	
16	🐸 CrypToadz	◆	$204,089,738	📈	7,498	17,562	3,850
17	🐵 Bored Ape Kennel Club	◆	$197,385,761	📈	7,605	17,614	5,424
18	🌾 Farmers World	◍	$185,419,602	📈	46,459	2,149,523	95,358
19	🦍 CyberKongz	◆	$171,133,641	📈	3,263	5,505	2,435
20	🦊 MekaVerse	◆	$169,642,394	📈	5,749	11,403	5,157

메타버스로 가는 NFT 로드맵

기반으로 한 NFT 프로젝트이다. NFT 열풍이 불면서, 그 발행량이 기하급수적으로 증가하고 있고, 이것을 민팅하기 위한 거래도 대량으로 발생하고 있다. 이는 거래에 필요한 거래 수수료(Gas Fee)에 대한 부담이 상당히 높다는 것을 의미하며, 기존 DeFi(Decentralized Finance) 거래에도 영향을 미치고 있다. NFT의 수요 증가로 유저들은 낮은 거래 수수료와 빠른 거래를 원했으며, DeFi 시장에서 두각을 나타내지 못했던 플랫폼 블록체인에게 좋은 기회가 되었다. BSC(Binance Smart Chain), 솔라나(Solana), 클레이튼(Klaytn), 테라(Terra), 왁스(Wax) 등 많은 플랫폼 블록체인이 실제 이더리움 생태계 내에 머물러 있던 자금을 가져오기도 했다.

혹시 NFT가 처음이거나 커뮤니티를 느껴보고 싶은 사람들이 있다면, 나는 클레이튼 블록체인의 NFT를 추천한다. 클레이튼 블록체인은 카카오 자회사인 그라운드엑스(Ground X)가 만든 것으로, 한국의 참여자들이 많기 때문에 타 해외 프로젝트보다 접근성이 좋으며, 국내 유명 인사들이 참여하고 있어 더욱 재미를 느낄 수 있다. 현재 클레이튼 생태계 내 거래 대금 상위 NFT 프로젝트에는 DSC Mates와 MetaKongz가 자리잡고 있다.

DSC는 Doge Sound Club의 약자로, NFT에 기반한 거버넌스로 운영되는 NFT 수집가들의 사교 모임을 지향하고 있다. 국내 최초의 제너레이티브(Generative) NFT이며, 크립토펑크와 마찬가지로 24x24 픽셀 아트 1만 개가 발행되었다. 메이트라고 불리는 아바타는 프로필 사진으로 사용될 수 있으며, 커뮤니티 내 의결권을 행사할 때 필요하다. 한국 프로젝트답게 카카오톡 채팅방 형태로도 커뮤니티 활동을 할 수 있으며, 클레이튼의 NFT 생태계를 만드는 데 가장 중추적인 역할을 한 프로젝트로 평가받는다. 새롭게 생겨나는 NFT 프로젝트와의 협업을 진행하면서, 메이트 보유자에게 NFT 에어드랍을 실행하기도 했으며, 최근에는 NFT 생태계 확장을 위해 MIX 토큰을 발행하기도 했다.

MIX 토큰은 NFT 프로젝트들의 허브를 위한 토큰으로, DSC 사이트의 전 범위에서 사용된다. 현재 클레이튼 NFT는 오픈씨 마켓 플레이스에서 주로 거래가 되는데, DSC는 Klubs라는 클레이튼 기반 NFT 마켓 플레이스를 오픈하여 MIX 토큰의 사용처를 제공하고 있다. 또한, 보유하고 있는 MIX를 예치하거나, 유동성 공급을 통한 이자 수익을 얻을 수 있는 기회도 제공하고 있다. DSC는 MIX 생태계의 해외 진출을 위해 이더리움 블록체인에 eMATES, 바이낸스 스마트 체인에 FoxPunks를 출시하는 등 체인별 확장 전략을 사용하고 있다.

DSC PFP NFT의 최종 단계는 결국 메타버스를 구축하는 것이다. 메타버스에서 DSC의 모든 자산과 파트너가 공존하며 하나의 사회를 이루는 것을 목표로 하고 있으며, 뒤에서 풀어나갈 Play to Earn 게임 시장으로의 진출로 NFT와 토큰 생태계를 확장하고 있다. 이러한 커뮤니티 활성화와 가치 상승을 위한 노력으로 최저 가격은 초기 민팅 가격인 9KLAY(약 2만 원) 대비 대폭 상승한 800KLAY(약 120만 원)을 기록하고 있다.

최근 빠른 성장세를 보이고 있는 클레이튼 기반 NFT 프로젝트는 메

그림 2-15 | 클레이튼 최초의 제너레이티브 NFT, 도지사운드클럽 (자료: DogeSoundClub)

그림 2-16 | 픽셀 아트 형태의 아바타 NFT (자료: DogeSoundClub)

타콩즈(MetaKongz)다. 메타콩즈는 프로그래밍을 통해 무작위로 생성된 3D PFP NFT로, 국내에서 개발되고 있는 NFT 프로젝트이다. 해외에서 인지도가 높은 사이버콩즈(CyberKongz)를 모델로 하고 있으며, 유사한 로드맵을 제시하고 있다. 메타콩즈는 2021년 12월 이틀에 걸쳐 진행

그림 2-17 | 강한 커뮤니티 결속력을 가진 메타콩즈 (자료: MetaKongz)

된 민팅에서 불과 몇 초에서 몇십 초만에 모두 완판될 만큼 높은 기대를 모았다. 19일 만에 오픈씨 마켓 플레이스 거래량이 1,000이더리움을 돌파하였으며, 오픈씨 내 클레이튼 NFT 중 최초로 누적 거래 대금 1,000만 클레이튼을 달성하는 등 가장 뜨거운 관심을 받고 있다.

메타콩즈는 극초기 단계의 PFP NFT이기 때문에 아직은 보여준 성과가 많지 않지만, 많은 NFT 프로젝트와 파트너십을 맺고 있으며 초반 성과를 일반 대중들이 알 수 있게 뉴욕의 타임스퀘어 전광판과 서울 롯데타워몰 전광판에 광고를 게시하기도 했다. 또한, 메타버스로의 중장기적 로드맵 달성을 위해 더 샌드박스와 디센트럴랜드, 크립토복셀, 매트릭스 월드의 가상 땅을 매입하는 등 적극적인 모습을 보여주고 있다. 메타콩즈가 벤치마킹한 사이버콩즈는 제네시스콩즈와 베이

그림 2-18 | 메타콩즈 홀더에게 주어지는 MKC 가격 추이 (자료: Dexata)

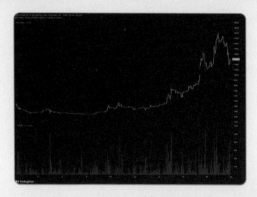

그림 2-19 | 높은 퀄리티를 가진 메타콩즈 (자료: MetaKongz)

그림 2-20 | 메타콩즈 하나를 가지려면 2~3천만 원이 필요 (자료: MetaKongz)

비콩즈, 인큐베이터콩즈, VX콩즈가 있으며, 제네시스콩즈에서는 '바나나'라는 토큰을 받을 수 있다. 이용자는 이를 통해 브리딩을 하거나, 바나나샵을 이용할 수 있다. 메타콩즈 역시 메콩코인(MKC) 토큰을 발행하여 NFT 보유자에게 분배하는데, 현재 메콩코인 1개를 보유하고 있으면 1일 약 4MKC를 획득할 수 있다. 이것은 약 4만 원(1MKC 당 1만 원 가정) 정도의 하루 이자를 받는 것과 같다.

메타콩즈에서는 이용자가 메콩코인을 통해 베이비콩즈를 브리딩할 수 있게 하는 등, 코인 인플레이션을 억제하고 있다. 또한, BAYC를 차용한 뮤턴트 콩즈와 뮤턴트 G.rilla 등으로 유저를 더 많이 늘리고, 생태계를 확대할 수 있도록 다양한 시도를 하고 있다. 국내 대표 NFT인 만큼 많은 커뮤니티 및 기업과 협업을 하고 있으며, 최근 NFT 시장에서 중요한 역할을 하고 있는 셀럽과의 참여도 눈여겨볼 만한 부분이다. 국내 MCN 기업인 샌드박스, 가수 선미, NFT 매니아와의 파트너십을 통한 다양한 아티스트 컬래버레이션은 일반 대중에게 NFT를 널리 알리고, 셀럽을 통해 공신력을 확보할 좋은 방안이라고 생각한다.

또한, 커뮤니티 회원이 메타콩즈의 세계관을 이어 받아 2차 창작 NFT를 만들어 생태계를 확장하는 사례도 늘어나고 있다. 이는 승승장구하고 있는 BAYC과 닮은 점이기도 하다. 메타콩즈의 최저 가격은 초기 민팅 가격인 150KLAY(약 25만 원) 대비 대폭 상승한 22,000KLAY(약 3,300만 원)을 기록하고 있다.

Ⓝ 자산으로 인정받기 시작한 미술품 NFT

PFP NFT에 이어 디지털 아트 NFT, 즉 미술품 NFT에 대해 이야기하고자 한다. 현재 NFT 시장에서 컬렉터블 다음으로 거래가 활발한 것은 아트(Art)로, 2020년 11월 론칭된 아트 블록스(Art Blocks)의 거래 금액이 가장 높다. 지난 30일간의 판매 금액은 약 3,352만 달러이며, 하루 7,000여 점의 작품이 판매되고 있다. 미술품은 우리 주변에서도 쉽게 볼 수 있는 경우가 많으며, 미술품 NFT는 이것을 디지털화한 것이기 때문에 이해하는 데 가장 편할 것이라고 생각한다. 글로벌 미술품 및 골동품은 연간 판매액이 650억 달러에 달할 만큼 거대한 시장이다. COVID-19 확산과 장기화로 오프라인 경매 시장이 위축되면서 거래액이 다소 주춤하는 모습을 보여주고 있긴 하지만, 그래도 미술품 시장은 여전히 빅 마켓이다.

2021년 3월 11일, 글로벌 미술품 시장에 충격적인 사건이 발생했다. 세계적인 미술품 경매 회사인 크리스티의 뉴욕 경매에서 디지털 예술가 비플이 만든 NFT 작품(Everydays: The First 5,000 Days)이 6,934만 달러, 한화 약 785억 원에 낙찰된 것이다. 이 사건은 코로나로 침체되었던 미술 시장이 NFT를 계기로 대중의 이목을 다시 한번 집중시킨 것이며, NFT가 돈이 된다는 것을 또렷이 보여주었다. NFT 작품이 785억 원이라는 큰 금액에 판매된 것도 의미가 있겠으나, 필자는 디지털 아트 NFT가 판매된 곳이 콧대높은 경매 회사 크리스티였다는 점에더 주목한다.

그림 2-21 | 비플의 Everydays: The First 5,000 Days (자료: Beeple)

그림 2-22 | 소더비의 NFT 마켓 플레이스 (자료: Sotheby's)

메타버스로 가는 NFT 로드맵

전통 미술 시장의 트렌드를 선도할 만큼 강력한 힘을 가진 경매 업체가 당시만 해도 생소하던 NFT를 경매 슬롯에 넣고, 자사 고객들에게 상품으로 내놓았다는 것은 디지털 아트 NFT를 하나의 미술 장르로 인정했다는 뜻이 아니겠는가! 미술품 경매의 양대 산맥인 소더비(Sotheby's)의 움직임도 활발하다. 소더비는 4월부터 NFT 첫 경매를 오픈하였으며, 디지털 아티스트 팍(Pak)의 NFT 작품 'The Fungible' 컬렉션을 경매로 진행했다. 그리고 10월에는 소더비 메타버스(Sotheby's Metavers)로 불리는 이더리움 기반의 자체 NFT 경매 플랫폼을 론칭하였다. 첫 번째 경매는 10월 18일 'Natively Digital 1.2: The Collectors' 경매였으며, 이 경매에서는 19명의 수집가가 보관하고 있는 NFT 작품 53개를 경매에 붙였다. 이 경매에서 가장 비싸게 팔린 NFT는 Lot 12: Rare Pepe로, 365만 달러에 낙찰되었다. Lot 18: BAYC #8817도 341만 달러에 낙찰되었다. 또 12월에는 'Chromie Squiggle: MINT IT!'와 'Queens+Kings' 경매를 열어 많은 NFT 작품을 경매에 내놓을 만큼 NFT 시장에 적극적으로 다가가고 있다. 미술품 NFT만 판매되는 것은 아니다. 앞서 다루었던 PFP NFT도 심미적인 부분이 있는데다 희소성도 높다고 인정하여, 크리스티에서는 크립토펑크를, 소더비에서는 BAYC를 판매하기도 했다.

그렇다면, 이쯤에서 이런 의문이 들 것이다. 왜 미술계의 거대 공룡들은 NFT에 열중하고 있는 것일까? 크리스티나 소더비가 미술계에서 압도적인 영향력을 과시하는 공룡 기업인 것은 맞다. 그러나 이들이 시장을 만드는 것은 아니다. 오히려 이들은 시장을 겨우겨우 따라가고 있다. 이들이 NFT 시장을 이끄는 것이 아니라, 지금 NFT 시장에 자금이 몰려 있으니까 열중하고 있다고 보는 게 맞을 것이다.

이처럼 빠르게 변화하는 시장의 중심에는 MZ세대가 있다. NFT 시장은 이들이 이끌고 있다고 해도 과언이 아니다. 미국 성인 30,870명과 영국 성인 9,170명을 대상으로 한 글로벌 소비자 연구 플랫폼 피플세이(Piplsay)의 온라인 설문 조사에 따르면, 미국 밀레니얼 세대 중 41퍼센트, 영국 밀레니얼 세대 중 45퍼센트가 이미 구매해봤거나, 이 시장에 참여해본 경험이 있는 것으로 나타났다. 정말 그럴까? 의외의 높은 수치이기 때문에 의문이 들 수도 있지만, 한 가지는 확실하다. MZ세대에게 NFT를 비롯한 디지털 자산, 비트코인을 포함한 코인, 메타버스 등 최근 회자되고 있는 디지털 트렌드는 이미 익숙하다는 것이다.

필자도 금융권에 종사하면서 신문물에 빨리 눈을 뜬 밀레니얼 세대이긴 하지만 Z세대를 따라가는 건 여전히 버겁다. Z세대뿐만 아니라, 2000년 이후에 태어나 자라고 있는 아이들은 이미 디지털 환경 노출도가 100퍼센트인 디지털 네이티브 세대다. MZ세대는 시간이 지나면 지날수록 경제 내 핵심 인력으로 성장할 것이며, 이들의 소비력은 점점 커질 것이다. 이 커져가는 MZ 소비층에 대한 서적이 다수 출간될 정도로, 업계에서는 이들의 소비에 주목하고 있다. 꼭 미술 시장이 아닐지라도 이들의 소비를 가져오고 싶은 것이 당연하지 않겠는가. 이를 위해서는 그들이 좋아하는 것을 팔아야 하는 것이며, 정체되었던 미술

메타버스로 가는 NFT 로드맵

그림 2-23 | 미국과 영국 성인을 대상으로 한 NFT 서베이 (자료: Piplsay)

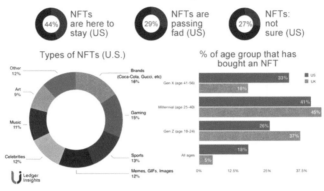

품 시장에 다시 활력을 불어넣어줄 관심사가 바로 NFT다. 크리스티가 팔았던 비플의 NFT 역시 입찰자들 중 91퍼센트가 크리스티의 기존 고객들이 아니었으며, 입찰자의 58퍼센트가 밀레니얼 세대였다고 한 다. 또한, 대부분의 입찰자가 이미 NFT를 구입해본 경험이 있었다는 점을 고려한다면, 크리스티는 MZ세대를 새로운 고객으로 포섭했다고 할 수 있다. 주요 경매 업체는 물론 소규모 갤러리도 새로운 성장성을 확인한 것이다.

NFT는 MZ세대가 좋아하는 리셀(resell) 문화와 비슷하기도 하다. 리 셀은 한정판 제품 등 인기 있는 상품을 구매한 뒤 비싸게 되파는 행위 로 주로 의류나 운동화 등을 거래하며, MZ세대의 재테크 방식이기도 하다. 리셀하는 사람을 리셀러(Reseller)라고 부르는데, 기존의 중고판매

업자들과 같은 개념이라고 생각하면 된다. 최근에는 초기 비용 대비 큰 수익을 얻을 수 있어서, 희소 가치가 있는 제품을 빨리 알아보고 정보에 민감한 MZ세대가 리셀 시장을 견인하고 있다.

중고 거래 플랫폼 당근마켓의 성공에서도 알 수 있듯, MZ세대들은 어떠한 물건을 구매할 때 대부분 중고 가가격부터 미리 검색해보는 것이 일상이며, 중고 가격이 형성되지 않는 제품은 구매하지 않는 경우도 많다. 높은 가격에 리셀이 가능한 것이 있다면 엄청난 열정을 가지고 구매를 시도하는데, 과거 한정판 스니커즈나 신제품 출시가 있을 경우, 전날부터 매장 앞에서 텐트를 치고 대기하는 진풍경이 보도되는 일도 많았다. 하지만 코로나 이후 이것도 온라인 무작위 추첨을 통해 구매 권리를 얻는 래플(raffle)방식으로 변화하고 있다. 많은 인원의 참여로 당첨 확률은 매우 낮아졌지만, MZ세대에게는 이러한 추첨 방식이 매우 공정한 과정으로 인식되고 있으며, 당첨이 되지 않아도 즐거워할 수 있는 게이미피케이션(Gamification) 문화로 인식되고 있다. 글로벌 리셀 시장은 40조 원 규모에 달하며, 국내 스니커즈 리셀 시장도 5,000억 원으로 추정될 만큼 커져 있다.

NFT의 민팅 과정도 이와 상당히 비슷하다. 하루에도 수많은 NFT가 발행되다보니 모든 프로젝트를 알기란 사실상 불가능에 가깝다. NFT 열풍이 불던 초기에는 그 어떤 NFT를 사더라도 괜찮은 수익을 안겨줬지만, 이제는 그렇지 않다. 이제는 사람들이 '묻지마 투자'에서 '될성부른 프로젝트'에만 자금을 선별해서 넣고 있는 것이다. 전망 좋

그림 2-24 │ 국내 한정판 "스니커즈" 리셀 플랫폼 업체와 비싸게 리셀되는 운동화 10종

	아웃오브스탁	2020년 7월 롯데쇼핑과 공동사업 개시, 2018년 4월 설립
	프로그	2018년 12월 힌터가 론칭, 2020년 2월 20억 투자 유치
	엑스엑스블루	2019년 9월 서울옥션 자회사 서울옥션블루가 론칭
	솔드아웃	2020년 7월 패션플랫폼 무신사가 론칭
	리플	2020년 10월 KT 자회사 KT엠하우스가 론칭
	크림	2020년 3월 네이버 자회사 스노우가 서비스 개시

2020년 기준

순위	브랜드	모델명	발매	거래 가격	순위	브랜드	모델명	발매	거래 가격
1	나이키	에어 맥 백 투 퓨처 BTTF	2016	3,723만 원	6	나이키	에어 조던 4 레트로 에미넴 칼하트	2015	1,903만 원
2	아디다스	휴먼 레이스 NVD 퍼렐 X 샤넬	2017	2,884만 원	7	나이키	에어 조던 4 레트로 언디피티드	2018	1,846만 원
3	나이키	덩크 로우 SB 파리	2002	2,883만 원	8	나이키	덩크 로우 스테이플 NYC 피촌	2005	1,767만 원
4	나이키	에오 조던 4 레트로 에미넴 엔코어	2017	2,422만 원	9	나이키	에어 조던 DJ 칼리드 파어 오브 아사드	2017	1,729만 원
5	나이키	에어 백 투 더 퓨처 BTTF	2011	1,960만 원	10	나이키	에어 조던 코비 PE 팩 3&8	2016	1,729만 원

은 NFT는 각종 SNS나 디스코드 커뮤니티가 민팅 전에도 크게 활성화되어 있기 때문에, 그것을 노린 구매 경쟁이 상당히 치열하다. 물론 치열하다고 해서 무조건 가격이 상승한다는 얘기는 아니지만, 확률은 높다고 할 수 있다.

또한, FCFS(First come, First served)라는 선착순 방식이 있는가 하면, SNS

나 디스코드에 미리 참여해서 커뮤니티를 활성화해준 기여자에게 민팅의 기회를 주는 화이트리스트(Whitelist) 방식을 사용하기도 한다. 돈이 있어도 사고 싶은 것을 마음대로 사지 못한다는 것인데, 다른 말로는 나의 노력 여하에 따라 돈이 많은 기득권자가 아니어도 기회를 충분히 얻을 수 있다는 것이다.

디지털 아트 NFT는 확실히 미술품에 대한 경험 연령대를 낮추고 시장 저변을 확대하는 데 큰 도움을 줄 것이다. 몇억을 넘어서 몇백억을 호가하는 거장의 미술 작품을 소유하기 위해 경매장이나 갤러리를 찾아가기는 어려운 노릇이지만, 인터넷과 모바일을 통해 몇만 원 혹은 몇십만 원으로 작가들의 미술 작품을 수집할(Collecting) 수 있다는 것은 미술의 대중화가 가능하다는 것을 의미한다. 우리가 자주 사용하는 카카오톡에서도 NFT 미술 작품을 살 수 있다는 게 우리가 느낄 수 있는 변화일 것이다.

가지고 있는 스마트폰에 카카오톡을 열어보자. 오른쪽 하단에 더보기(…)를 눌러 '전체 서비스'에 들어가면, 클립이라는 서비스를 찾아볼 수 있다. 클립에 들어간 후 배너를 보면, 미술품 NFT를 판매하고 있는 것을 볼 수 있다. Klipdrops.com으로도 접속이 가능한데, 클립(Klip)은 국내 기업 카카오의 자회사인 그라운드X가 제공하는 디지털 자산 지갑 플랫폼이며, 클립 드롭스(Klip Drops)는 클립에서 한정판 디지털 작품을 전시하고 유통하는 서비스이다.

본인이 좋아하는 작가의 작품을 온전히 소유할 수 있으며 경매로 진

그림 2-25 | 유명 작가들의 NFT가 거래되는 클립 드롭스 (자료: Klip Drops)

행되는 옥션 방식과, 하나의 작품을 다수로 쪼개어 고정된 가격에 구매할 수 있는 에디션 방식이 있다. 서비스 초반 우국원 작가의 Bonfire Meditation(낙찰가 58,550KLAY), 하정우 작가의 The Story of Marti Palace Hotel(낙찰가 47,000KLAY) 등 디지털 작품이 판매되면서 주목 받았다. 그라운드X가 만든 클레이튼 코인(KLAY)을 클립 지갑에 넣은 다음, 해당 작품을 오전 9시부터 선착순으로 구매하는 방식이다. 코인을 출금해야 하는 진입 장벽이 있기는 하지만, 우리가 익숙한 모바일 환경에서 NFT 미술 작품을 구매할 수 있다는 점에서 MZ세대들을 겨냥하고 있다는 것을 알 수 있다.

독특하고 새로운 개념의 크립토아트도 등장하고 있다. PFP NFT에

그림 2-26 | 피덴자 NFT의 등급별 희소성 (자료: tylerxhobbs)

Scale

Name	*Floor [For Sale]	Count	Percent
Small		14 (1.40%)	
Jumbo XL	225Ξ [2]	30 (1.00%)	
Medium	420.69Ξ [8]	35 (3.50%)	
Micro-Uniform	1337.689Ξ [4]	38 (3.80%)	
Large	81.18Ξ [15]	181 (18.12%)	
Uniform	72Ξ [20]	189 (18.92%)	
Jumbo	70.75Ξ [65]	512 (51.25%)	

그림 2-27 | 두 개의 피덴자 NFT, #313(좌)과 #11(우) (자료: tylerxhobbs)

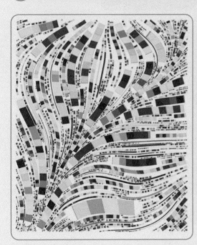

메타버스로 가는 NFT 로드맵

서 그랬던 것처럼, 크립토아트에서도 희소성이라는 것이 사람의 소유욕을 자극한다. 2021년 6월에 만들어진 홉스(Hobbs)의 피덴자(Fidenza)라는 작품은 알고리즘으로 만들어져 많은 인기를 얻고 있다. 생성 알고리즘을 통해서 예측할 수 없는 유기적 곡선을 만들고, 이 곡선들이 겹쳐지지 않는 미적 속성을 보여준다. 그림마다 다르게 만들어진 곡선은 두께와 길이가 제각기 다른 구부러진 직사각형으로 나타나며, 곡률과 색상 모두 확률에 따라 달라지기 때문에 작품에 희귀성이 부여된다. Fidenza #313과 Fidenza #11를 비교해 보자. #313에 나타난 곡선이 #11보다 가늘고 길게 뻗어있다. 이건 희귀도가 높다는 것을 의미한다. 이 때문에 #313이 더 높은 가격인 1,000ETH(약 335만 달러)에 판매되며, 역대 모든 기록을 갈아치웠다.

미술은 그 역사가 유구하다. 그래서 사람들에게 익숙하다. 따라서 디지털 자산이 가장 쉽게 확산되는 데 일조하는 것이 바로 미술 아닐까. 필자는 IT 애널리스트로 IT 산업을 분석해 왔는데, 매년 빠지지 않고 보고서를 작성하는 연례 이벤트가 있다. 바로 '국제전자제품박람회(CES)'다. CES는 매년 연초에 미국 라스베이거스에서 열리는 세계 최대 가전/IT 박람회다. 최근에는 코로나로 참석하는 것이 어렵지만, 필자도 빠르게 변화하는 IT 트렌드와 기술 변화를 느끼기 위해 직접 방문하곤 했다.

올해 CES 2022에서 가장 흥미로웠던 점은 블록체인과 NFT가 새롭게 카테고리에 추가되었다는 것이다. 그러면서 삼성전자와 LG전자가 공개한 TV 라인업에는 NFT 콘텐트를 구매하고 편하게 감상할 수 있는 NFT 플랫폼이 내장된 TV가 포함되어 있다. 모바일 콘텐트의 확산과 디바이스 개인화로 대화면 TV에 대한 사용성이 크게 약화되어왔는데, 이제 TV를 NFT 예술 작품을 구현할 수 있는 매개체로 사용하려고 하는 것 같다. TV 산업은 대화면과 고해상도를 무기로 성장해왔지만, 퍼스널 디바이스의 보급과 방송이 아닌 OTT(Over The Top) 인터넷 플랫폼이 주류가 되면서 교체 수요에 의존하는 정체된 시장이 되었다. 그리고 중국의 저가 공세에 따라, 국내 TV업체는 프리미엄 전략을 강화하고 있는 상황이다.

미술품을 기반으로 만들어지는 NFT는 주된 수요자들이 고소득층과 MZ세대라는 점에서 TV 업체들의 구미를 당길만한 아이템으로 보이며, TV를 미술품과 연결하려는 시도는 계속될 것이다. 삼성전자는 2017년에 '더 프레임(The Frame)'이라는 라이프스타일 TV 라인업을 선보이며, TV를 디지털 아트로 사용하기 위해 노력해왔다. 실제로 삼성전자는 글로벌 미술품 경매 업체 소더비(Sotheby's)의 첫 NFT 디지털 아트경매 공식 파트너사로 참여하기도 했다. 점차 디지털 아트 및 NFT가 블록체인 상에서만 존재하는 것이 아니라, 실제 생활에 적용할 수 있는 단계로 접어들고 있는 것이다.

그동안 가상자산에 대해 보수적이었던 한국에서도 제도권 편입이 막 시작되었다. 특정금융거래정보법(특금법)에 따른 가상자산 사업자 신고 수리가 진행되었고, 2022년 안으로 투자 보호 방안 등 관련된 법안

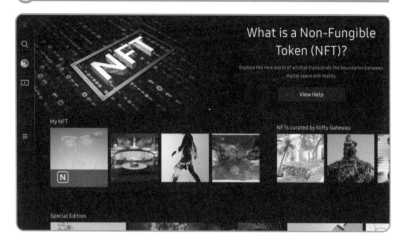

및 제도가 갖춰져 나갈 것으로 보인다. 아직은 법안 및 제도 미비로 일부 업체만이 가시적 성과를 내고 있는 상황이지만, 산업 성장에 따라 점차 많은 기업이 NFT 시장에 진입할 것이라고 생각한다.

국내 상장사 중에서는 휴대폰결제사업자(PG)가 가상자산 시장에 적극적인 행보를 보이고 있다. 다날의 자회사 다날핀테크는 페이코인(PCI)을 활용한 간편 결제 플랫폼 사업을 운영하고 있으며, 전국 10만 개 가맹점과 250만 명의 사용자를 확보하고 있다. 다날핀테크는 가상자산을 활용한 다양한 라이프 스타일 서비스를 확장하고, 더 나아가 메타버스와 NFT 분야로 결제 영역을 확대하기 위해 메타버스 사업에 속도를 내고 있다. 메타버스 기업 제프(JEFF)와 다날엔터테인먼트 등 다양한 사업 역량을 가진 계열사와의 시너지는 물론 블록체인 업체인

그림 2-28 | 현실에서 결제되는 가상자산, 페이코인 (자료: 다날핀테크)

그림 2-29 | 메타갤럭시아 NFT 마켓플레이스 (자료: MetaGalaxia)

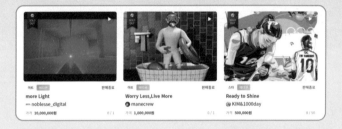

그림 2-30 | 위믹스의 Wemix Auction (자료: 위메이드트리)

위메이드트리 및 플레이댑(PLA)과 제휴를 통해 다양한 플랫폼 서비스에 결제를 할 수 있도록 그 토대를 준비하고 있다. 페이코인은 사용자와의 접점을 보유하고 있는 결제 서비스에서 강점을 가지고 있기 때문에, 지금까지 보여주지 못했던 새로운 콘셉트의 메타버스를 구현할 수 있을 것으로 예상되며, NFT 시장에서 핵심적인 역할을 할 것으로 기대된다.

갤럭시아머니트리의 자회사 갤럭시아메타버스는 톨(XTL)을 발행, 운영하고 있으며 다양한 디지털 자산을 NFT로 발행, 판매, 유통, 관리하는 블록체인 사업을 영위하고 있다. 특히, 2021년 11월 자체 NFT 마켓 플레이스 메타 갤럭시아(Meta Galaxia)를 론칭하였으며, 스포츠 마케팅 기업 갤럭시아에스엠과 협력해 대한배구협회, 대한카누연맹, 대한철인3종협회 등과 협약을 맺으면서 스포츠 관련 지식재산권(IP)를 확보하고 있다. 미술 분야에서도 학고재 갤러리와의 협약을 통해 NFT 미술 작품을 확보하는 등 NFT 시장에서 성과를 내고 있다. 이외에도 럭셔리 카테고리로 국내 홍천에 위치한 세이지우드 리조트 객실 이용권을 상품화한 NFT도 선보였으며, KLPGA 프로 골퍼와 라운딩 이벤트에 참여할 수 있는 실물 상품을 NFT화하기도 하였다.

위메이드의 자회사 위메이드트리는 미술품 및 NFT 옥션 플랫폼 위믹스옥션을 운영하고 있다. 디지털 아트, 동영상, 수집품 등 다양한 NFT를 판매하고 있는데, 옥션과 마켓 두 가지 서비스를 병행하여 NFT 거래를 지원한다. 옥션은 큐레이션된 NFT를 경매로 구매할 수

그림 2-31 | 업비트의 NFT 마켓플레이스 (자료: 업비트)

JANGKOAL #1

KIM SUNWOO #1

TACIT GROUP #1

있으며, 마켓은 NFT 소유자(판매자)가 지정하는 가격으로 자유롭게 매매할 수 있다. 위믹스 옥션을 통해 낙찰받은 NFT를 마켓에서 재판매할 수 있으며, 이 과정에서 재판매수수료가 발생한다.

서울옥션의 자회사 서울옥션블루는 가상자산 거래소 업비트의 운영 업체 두나무와 NFT 콘텐트 발굴 및 확보, 블록체인 기술 제공, NFT 공동 사업을 위해 협력하고 있다. 서울옥션은 미술 콘텐트 IP 및 네트워크를 보유하고 있기 때문에, 새로운 성장성을 가지고 있다고 판단된다. 또한, 2021년 1월에는 신한은행과 협력하여 미술품 등 실물 자산을 디지털화해 소유권을 분할 판매하는 플랫폼 소투(SOTWO)를 론칭하여 소액으로도 실물 자산을 보유할 수 있는 기반을 마련하였다. 11월에는 NFT 디지털 아트 플랫폼인 엑스바이블루(XXBLUE)를 통해, NFT와 디지털 아트의 접목으로 MZ세대의 미술 시장 진입과 미술 대중화를 이끌고 있다.

미술품 NFT는 현실처럼 단순히 작품을 소유하는 데 그치는 것이 아니라, 커뮤니티의 발전이라는 측면에서도 재미있는 요소가 있다. 한 가지 예를 들어볼까. 서울옥션블루에서 업비트 이용자들을 대상으로 폐타이어 업사이클링 NFT 1천 개를 에어드랍하는 이벤트를 진행한 적이 있었다. 당시에는 이 NFT가 무엇인지, 어떤 것을 의미하는지 사람들은 크게 신경 쓰지 않았다. 그리고 선착순으로 무료 제공되었던 것이기 때문에 보내주는 NFT를 그냥 받아두는 정도였다. 그런데 시간이 지난 후 알고 보니, 이 NFT는 폐타이어를 활용하여 작품 활동을 하는 지용호 작가의 작품이었다. 네이버 트렌드를 확인해보면, 에어드랍이 있던 8월 24일 즈음에는 '지용호' 검색량이 전혀 없었는데 서울옥션블루의 컨퍼런스 이후 검색량이 늘어났고, 더치옥션이 있던 11월에는 가장 많은 검색량을 기록했다.

여기서 재미있는 일이 벌어진다. 보통 미술계에서 매우 유명한 아티스트라고 할지라도, 일반 대중 혹은 크립토 생태계에 있는 MZ세대는 잘 모른다. 그러나 에어드랍으로 작가의 NFT를 나의 지갑에 보유하게 된 순간 작가는 누구인지, 어떤 작품을 만드는지, 앞으로의 활동은 무엇인지 등 많은 정보를 구글링하게 된다는 것이다. 이유는 간단하다. 그가 만든 자산을 내가 소유하고 있기 때문이다. 자본 시장에서는 다 비슷할 것이다. 부동산이든, 주식이든, 코인이든, NFT이든, 내가 가진 자산의 가치가 올랐으면 하는 것이 사람의 본성이기 때문에 자발적으로 홍보를 하게 된다. 매수세를 일으키려는 노력이다.

정리해보자. 미술품 NFT의 재미있는 점은 내가 모른 채 살아갈 수

그림 2-32 | 업비트의 '에어드랍' 공지와 지용호 작가의 NFT 작품 (자료: 업비트)

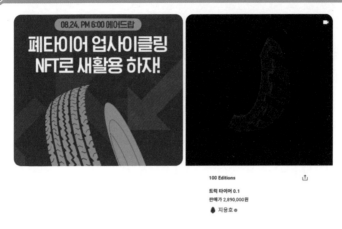

도 있었던 작가를 알게 된다는 것이고, NFT를 보유하게 된 순간, 나는 그의 팬이 되고, 그를 응원한다는 것이다. 한국에서 이름만 대면 누구나 알고, 한 번쯤은 어디선가 보았던 작품의 유명 작가라면, NFT가 아닌들 어떤가, 물감이 마르기도 전에 작품이 팔려나갈 터인데! 하지만 무명의 신인 작가, 생계가 어려운 작가들에게는 이름 석자를 알리는 것만큼 중요한 일은 없을 터. 따라서 NFT를 활용하여 10명, 100명, 아니, 단 한 명이라도 팬을 만들 수 있고 작가의 커뮤니티를 형성할 수 있다면, 상업적인 부분은 차치하고라도 NFT는 모두에게 좋은 결과를 줄 수 있으며 나아가 한국 미술계를 발전시킬 수 있는 일이 되지 않을까 생각한다.

다만, 디지털 아트가 아닌 실물 작품을 기반으로 한 NFT의 경우, 조심해야 할 사항들이 많다. NFT 시장이 본격적으로 이슈화되고, 성장을 시작한 지 겨우 1년이라는 시간이 지났기 때문이다. 2017년에 비트코인 열풍이 불었으나, 해당 산업에 대한 이해 및 세금 부과 등이 정립되었던 것은 2022년이었다. 따라서 단기간에 성장을 이룩한 시장의 경우 체계가 정리되는 데는 상당한 시간이 필요할 수 있다(NFT는 2022년부터 시행되는 세법 및 법적 적용을 받을 것으로 보인다).

미술품 관련 NFT에서는 미술 작품의 저작권과 소유권에 대한 구분이 필요하다. 소유권은 법률의 범위 내에서 목적물을 사용, 수익, 처분할 권리를 말하는 반면, 저작권은 작가가 창작한 지적 산물에 대해 가지는 배타적, 독점적 권리를 의미한다. 작가가 본인의 작품을 직접 NFT화하는 경우, 작가는 거래가 있기 전까지 그 작품의 저작권과 소유권을 모두 가지고 있게 된다. 그러다가 누군가가 NFT를 구입하는 것은 그 작품의 소유권만을 가져오는 행위로, 이때 저작권과 소유권이 분리된다. 다만, 매매 당시 저작권을 양도받기로 하는 별도의 합의가 있는 경우는 예외일 것이다. 따라서, 매수인이 소유권을 취득하더라도 저작권은 작가에게 남아있기 때문에 매수인의 소유권 행사에 법적 제한이 가해질 수 있는 것이다.

그리고 NFT 시장 성숙을 위해서는 작품의 저작권이 보장되는 문화가 정착되어야 한다. 왜냐하면, NFT를 만드는 것이 쉬워지고, 시장의 관심이 높아지면서, 저작권의 보호를 받고 있는 작품을 무단으로 디지털 복제하여 NFT를 제작하는 사례가 증가하고 있기 때문이다. 원작자들의 저작권 침해 문제가 생길 수 있고, 2차 피해자가 발생할 수 있다.

그림 2-33 | 김정수 작가의 진달래밥 NFT와 실물작품을 태우는 장면 (자료: 선화랑)

따라서 구매자 및 판매자는 마켓 플레이스의 이용 약관 및 관련 행위에 대한 책임 여부를 잘 살펴봐야 할 것이다.

저작권 이슈로 인해 새로운 시도도 일어나고 있다. 디지털 작품이 아닌 실물 자산을 기반으로 하는 NFT의 경우, 디지털 자산이 작품의 원본을 복제한 것이기 때문에 NFT의 의미 및 가치가 크게 떨어질 수 있다. 이를 방지하기 위해, 현실 세계에 있는 원본을 불태워서 NFT만 존재하게 하는 방법을 사용하기도 한다. 일례로, 김정수 작가는 전시가 기준 9천만 원을 호가하는 100호짜리 대형 작품, '진달래 밥'을 직접 소각하는 행위를 통해 NFT의 가치를 높이고 실물 작품에 대한 저작권 문제를 해결했다. 소각된 작품을 한정판 NFT로 발행하였으며, 해당 NFT 구매자들에게는 추후 김정수 작가의 NFT 컬렉션 판매에 있어 우선권도 부여했다. 또한, 작품을 소각하는 장면을 담은 영상도 NFT로 발행될 것으로 보인다.

🅝 Play to Earn이 가능한 게이밍 NFT

블록체인 시장의 성장과 더불어 NFT 기술이 게임 산업에 접목되면서 시너지 효과를 내고 있다. 2010년대부터 국내 게임 시장을 이끌어 온 BM(비즈니스 모델)은 확률형 아이템 뽑기 시스템이었다. 확률형 아이템이란 부분 유료화 BM 중 하나로, 게임 회사가 확률로 정해진 아이템을 무작위로 뽑는 것을 말한다. MMORPG(Massive Multiplayer Online Role Playing Game), TCG(Trading Card Game) 장르에서는 다른 플레이어와의 경쟁에서 우위를 점하기 위해 좋은 아이템 혹은 카드를 갖는 것이 유리하며, 이를 무작위로 뽑게 하여 유저들로부터 많은 과금을 거두어들였다.

즉, 이기기 위해서는 돈을 계속적으로 지불해야 하는 'Pay to Win' 구조이다. 지금까지 이러한 뽑기 시스템은 지속적인 발전을 해왔으며, 뽑기에서 온전한 아이템이 나오는 것이 아닌, 여러 재료를 모아 아이템을 완성시키는 '컴플리트 뽑기', 뽑기를 진행할수록 단계별로 혜택을 부여하는 '스텝업 뽑기', 게임에서 뽑을 수 있는 아이템의 개수를 고정시켜 뽑은 아이템은 목록에서 제거하는 '패키지 뽑기' 등 다양한 발전된 형태로 변화해왔다. 게임 업체들의 가혹한 뽑기 구조에 따라, 게임을 진행하기 위해 상당한 자금이 소요되면서 유저들의 불만은 점차 높아졌다. 이에 반발한 일부 유저들이 회사와 국회 앞에서 이를 규탄하는 트럭 시위를 벌일 정도였다

그럼에도 불구하고, 게임 업체들이 이러한 뽑기 시스템을 고집해온

것은 수익성 때문이었다. 온전한 아이템을 유저들에게 판매하는 것보다는, 확률이라는 운을 집어넣음으로써 큰 금액을 투입할 수 없는 라이트(light) 유저들이 대박을 노릴 수 있게 하여 더 많은 아이템을 판매한 것이다. 하지만 장기간 이어진 확률형 아이템 모델에 대한 유저들의 피로도가 누적되어왔고, 새롭게 등장한 블록체인 게임은 유저들에게 신선한 변화를 주기에 충분했다.

NFT가 결합된 블록체인 게임은 기본적으로 게임 아이템 및 캐릭터 등이 NFT로 발행된 것이다. 기존 시스템과 확연히 달라진 점은 무엇일까? 유저가 구매하거나 플레이를 통해서 얻었던 게임 내 재화가 회사의 소유가 아니라, 내 지갑 안에 보관이 된다는 것이다. 유저가 직접 아이템을 소유하기 때문에 해당 재화의 이전 및 매매를 자유롭게 할 수 있는 것이 가장 큰 변화다. 개념 자체가 딱히 새로운 것은 아니다.

기존의 게임 시스템에서 얻은 재화는 아이템베이, 아이템매니아와 같은 온라인 게임 아이템 중개 서비스 업체를 통해서 계정 및 아이템을 판매해왔다. 그러나 게임 계정의 양수, 양도는 법 개정으로 불법으로 분류되지는 않지만, 게임 이용 약관에는 ID, 캐릭터, 아이템, 게임 머니 등 사이버 자산을 매매 또는 증여하거나 이를 취득하는 행위를 금지한다고 명시되어 있는 경우가 대다수이다. 게임 내 재화가 회사의 자산이기 때문이다. 하지만 블록체인 기술을 활용하면 게임 플레이를 통해 NFT로 된 재화를 얻거나, 가상자산을 보상으로 얻을 수 있고, 이를 탈중앙거래소(DEX) 또는 중앙화거래소(CEX)를 통해서 수익화할 수 있게 된다.

이전과 또 다른 차이점은 번거로움이 줄어든다는 것이다. 만약 내가 가지고 있는 계정이나 아이템의 가치가 몇백, 몇천만 원을 호가한다면, 과정이 복잡한 중개 사이트에 접속을 해서라도 팔 것이다. 그러나 내가 얻은 무기 아이템이 5천 원에 불과하다면, 굳이 수고롭게 복잡한 과정은 거치지 않을 것이다. 하지만 5천 원짜리 아이템이 NFT화되어 있어서 클릭 한두 번으로 판매가 가능하다면 이야기가 달라진다. 블록체인 기술로 번거롭게 느껴졌던 중간 단계가 생략될 수 있으며, 이 과정에서 발생하는 수수료와 신뢰성 문제가 해결된다. 또한, 이전보다 많은 사람의 참여로 활발한 거래와 자체적인 시장 형성이 가능해지고, 참신한 아이디어로 만들어진 스타트업 게임도 큰 성공을 거둘 수 있게 될 것이다. 'Play to Earn', 즉 놀면서 돈을 버는 시대가 열린 것이다.

게임을 하면서 돈을 벌 수 있는 'Play to Earn'이 성공할 수 있음을 보여준 대표적인 사례는 엑시인피니티(Axie Infinity)다. 이 게임은 전체적인 블록체인 게임을 이해하는 데 중요하다. 엑시인피니티는 베트남 스타트업인 스카이 마비스(Sky Mavis)가 만든 게임으로, 이더리움 기반의 블록체인 게임이다. NFT 거래 규모에 있어서 그 어떤 프로젝트보다 높은 게임으로 지금까지 거래된 NFT 금액만 약 38.7억 달러(4.6조 원)에 달한다.

엑시인피니티의 핵심 요소는 포켓몬스터와 다마고치, 크립토키티가 연상되는 엑시 캐릭터 NFT로, 이것은 전투, 수집, 양육을 할 수 있는 애완동물이다. 각 엑시는 6가지 바디 파트(눈, 귀, 등, 입, 뿔, 꼬리)를 가지고 있

그림 2-34 │ 대표적인 P2E 게임인 엑시인피니티 (자료: Axie Infinity)

그림 2-35 │ 엑시인피니티의 전투 장면 (자료: Axie Infinity)

메타버스로 가는 NFT 로드맵

으며 건강(Health), 사기(Morale), 기술(Skill), 속도(Speed)의 4가지 스탯 값으로 전투에 참여하게 된다. 엑시의 전투 시스템은 턴제의 단순 카드 게임 형식으로, 내가 가진 엑시로 참여한 전투에서 승리하면 보상으로 스무스 러브 포션(SLP)이라고 하는 자산을 얻게 된다. 이 SLP 토큰으로 엑시를 강화하거나 거래소를 통해 수익화할 수 있는 것이 기본적인 구조다.

게임 구조를 간략히 살펴보면, 엑시인피니티는 하루에 20개의 에너지가 주어지며 어드벤처 모드와 아레나 모드 1판 당 1에너지를 소모한다. 어드벤처 모드는 레블 36까지 진행가능하며, 레블이 높아질수록 승리에 따른 SLP 보상량이 증가한다. 20회를 진행하여 모두 승리할 경우, 하루 평균 78SLP를 얻을 수 있으며, 현재 시세로 계산한다면 약 1,700원, 그러니까 월 5만 원의 이익이 발생한다. 현재는 SLP 토큰의 인플레이션으로 시세가 크게 하락한 상태이나, 높은 인기를 누렸던 2020년 8월에는 하루에 2만~3만 원 정도의 수익을 기대할 수 있었다. 그리고 아레나 모드는 유저 간 대전으로 획득한 트로피에 따라서 SLP 보상을 받게 된다. 일일 퀘스트를 달성하면 추가 SLP 보상을 받을 수 있으며, 적절한 전략에 따라 이익은 더 증가할 수 있다. 높은 보상을 위해서는 엑시의 강화가 필요하며, 이 과정에서 SLP를 소모하게 된다. 또한, 토지(Land)를 구입하여 건물 짓는 데 필요한 원재료를 얻을 수도 있으며, 엑시를 훈련하는 등 토큰 이코노미가 잘 형성되어 있다.

전체 유저 중 40퍼센트가 18~24세이며, 플레이 30일 이후에도 계속해서 게임을 지속하는 유저 역시 전체의 40퍼센트가 될 정도로 두터운

그림 2-36 | 엑시인피니티의 토큰 이코노믹스 구조 (자료: Departmentofplay)

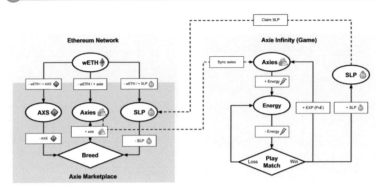

사용자층을 유지하고 있다. 흥미로운 점은 엑시인피니티가 빅마켓이 아닌 필리핀에서 흥행하고 있다는 것이다. 유저 중 40퍼센트가 필리핀에서 유입되었는데, 일자리를 잃은 필리핀 사람들이 SLP를 획득하여 소득을 올리고 있으며, SLP의 가격이 높은 시기에는 월 90~100만 원 이상의 수익이 발생한 것으로 알려졌다. 이러한 수익은 2020년 필리핀의 1인당 GDP인 3,370달러보다 높았기 때문에, 많은 사람이 이 게임을 통해 빚을 갚고, 생계를 유지했다. 이는 게임으로 창출되는 가치의 95퍼센트가 유저에게 돌아가기 때문에 가능한 구조다. 게임 제작사는 토큰 교환 시 4.25퍼센트에 해당하는 수수료만 거두어간다.

엑시인피니티의 '일일 활성 사용자'(DAU: Daily Active User)는 300만 명, 월간 매출 1.6억 달러를 기록하고 있다. 보상으로 받는 SLP의 가격은 지속적으로 하락하고 있으나, 전반적인 게임 유저 수 증가 등으로 엑시인피니티 거버넌스 토큰인 AXS의 가격은 꾸준히 상승해왔다. 한때, 엑시인피니티 토큰의 총 발행 기준 시가 총액은 300억 달러를 돌파하기도 하였다. 이는 글로벌 게임 업체 중 5번째(1위 닌텐도 525억 달러, 2위 액티비전 블리저드 509억 달러, 3위 로블록스 458억 달러, 4위 EA 369억 달러)에 달할 만큼 높은 가치이다.

현재는 SLP 토큰의 인플레이션 및 유저 이탈로 가격이 크게 하락한 상태이나, 여전히 유통 기준 45억 달러, 발행 기준 170억 달러의 높은 시가 총액을 기록하고 있다. 다시 생각해 볼 부분은 이 게임을 만든 회사가 스타트업이었다는 점과 2021년 한 해 동안 약 300배에 달하는 성장을 보였다는 점이다. 이렇듯 새롭게 성장하는 Play to Earn(P2E) 시장에서는 수많은 성공의 열매가 존재할 것으로 예상한다.

블록체인 게임의 특징 중 하나는 게임을 진행하기 위한 투자금이라는 진입 장벽이 존재한다는 것이다. 예를 들어, 엑시인피니티는 게임 플레이를 위해 엑시를 최소 3마리 보유해야 한다. 카드 게임에 비유하자면 카드덱과 비슷하다. 현재는 가격이 크게 하락한 상태이나, 엑시의 최저 가격은 약 50달러로, 3마리 구성이라고 할 때 최소 150달러를 투자를 해야 한다. 지난해에는 최소 투자금이 1,000달러를 넘기도 하였다. 투자금이 존재하기 때문에 투자 수익률이라는 개념이 적용될 수 있으며, 나의 투자금 대비 얻을 수 있는 보상이 얼마가 되는지 예상해 볼 수 있다. 가격의 변동성이 높기 때문에 처음에 계산된 수익률이 계속 동일하게 유지되는 것은 아니지만, Play to Earn을 하는 데 있어서

그림 2-37 | 점점 증가하는 엑시인피니티 DAU (자료: Sky Mavis)

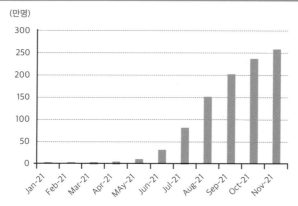

그림 2-38 | 엑시인피니티의 거버넌스토큰 AXS 가격 추이 (자료: 업비트)

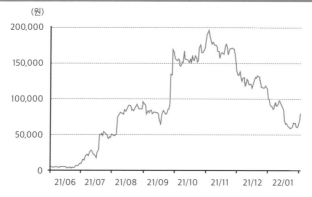

그림 2-39 | 글로벌 비디오게임사 시가 총액(엑시인피니티는 2021년 11월 당시 총발행 기준)

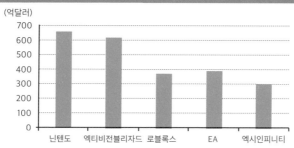

메타버스로 가는 NFT 로드맵

중요한 지표가 될 수 있다.

무료로 게임을 할 수 있는 것이 아니기 때문에 이러한 자금의 진입 장벽은 부담스러운 부분이겠으나, 엑시인피니티는 스콜라십이라는 제도를 통해 이 부분을 해결하고 있다. 스콜라십 제도는 초기 자본이 없어도 엑시 보유자로부터 엑시를 빌어와서 게임을 즐길 수 있다는 뜻이며, 엑시를 대여한 대가로 얻어지는 SLP의 일부를 이자 개념으로 엑시 소유자에게 주게 된다. 일종의 고용 관계가 되는 것이다. 이러한 제도를 이용하여 부분 유료화 게임(Free to Play)을 할 수 있으며, 축적된 자산을 통해서 본인의 엑시를 구입하여 게임을 진행하게 된다.

게임 플레이를 하는 데는 적지 않은 시간이 소비되기 때문에, 자본력이 있는 고소득자 국가의 유저들은 게임 내 재화를 임대하는 형태가 많으며, 동남아 등 소득 수준이 높지 않은 지역에서는 재화를 임대하여 소득을 올리고 있다. 블록체인은 국가 간 경계가 존재하지 않아 전 세계 어디에서 게임을 해도 같은 보상을 받게 되지만, 국가마다 물가 수준이 다르기 때문에 같은 보상이라고 해도 참여자들의 참여 형태가 다르게 나타난다. 이것이 Play to Earn이 동남아 지역에서 빠르게 확산되고 있는 이유이기도 하다. 블록체인 게임은 노동의 형태를 변화시키고 있으며, 국가 간 벌어지는 빈부 격차를 조금이나마 줄여주는 역할을 하고 있다.

초기 투자금이 필요한 블록체인 게임의 특성은 우리가 흔히 게임에서 모임 역할을 해왔던 길드의 활성화로 이어지게 된다. P2E 시장에서

그림 2-40 | 엑시, 랜드를 거래할 수 있는 NFT 마켓플레이스 (자료: Axie Infinity)

메타버스로 가는 NFT 로드맵

길드(Guild) 혹은 다오(DAO, 탈중앙화 자율 조직)는 게임 투자자인 동시에 금전적인 이유로 P2E를 즐길 수 없는 유저들에게 NFT를 대여해줘 게임을 활성화하는 역할을 한다. YGG(Yield Guild Games)는 대표적인 P2E 길드로, 엑시인피니티는 물론 더 샌드박스(The Sandbox), 길드 오브 가디언스(GOG), 스플린터랜드(Splinterland), 리그 오브 킹덤즈(League of Kingdoms), 엠버 소드(Ember Sword), 스타 아틀라스(Star Atlas) 등 유명 게임 프로젝트의 NFT 자산을 소유하고 있다.

　길드에 속한 게임 프로젝트가 많으면 많을수록, 유저 간 협업이 가능해지고, 생태계도 함께 성장할 수 있다는 점에서 전체적인 길드 플랫폼의 가치도 높아질 수 있다. 이러한 길드 모델은 많은 신규 P2E 프로젝트의 출시로 이어질 수 있으며, 아보카도 길드(Avocado Guild), 길드 파이(Guild Fi), AAG, Merit Circle 등 길드 프로젝트의 규모도 커지고 있다.

　엑시인피니티의 성공 이후, 블록체인 기반 게임이 빠르게 성장하고

그림 2-41 | YGG가 투자한 주요 P2E 게임 (자료: YGG)

있으며, 본격적인 Play to Earn 춘추전국시대가 열리고 있으나, 한국 시장에서는 아이템의 현금화가 가능한 블록체인 게임은 서비스가 되고 있지 않다. 현재 게임물관리위원회가 게임 내 재화 및 아이템의 현금화 등 사행성을 우려해 블록체인 게임에 대한 등급 분류를 거부하고 있기 때문에, 관련 게임은 유통되지 않고 있다. 하지만 블록체인의 거대한 파도는 빠르게 밀려오고 있는 상황이며, 규제가 강한 한국에서도 많은 변화가 나타나고 있다.

한국에서 블록체인을 기반으로 한 Play to Earn(P2E) 게임 시장에서 선두를 달려나가고 있는 기업은 위메이드이다. 위메이드는 2021년 8월 미르4 글로벌을 허가받지 못한 한국과 중국을 제외하고 동남아, 남미, 유럽 등 전 세계 170여 개국에 출시했다.

미르4 글로벌은 한국에서 선호되는 MMORPG 장르에 블록체인 기술이 접목된 게임이다. 미르4에서 가장 핵심 재화로 볼 수 있는 것이 흑철인데, 흑철은 유저들이 퀘스트를 수행하면서 보상을 획득하거나 일정 레벨을 달성하면 비곡 광산에서 채굴을 통해 얻을 수 있다. 흑철을 이용하면 장비를 강화하거나, 캐릭터의 등급을 높일 수 있기 때문에, 강한 캐릭터를 만들기 위해 흑철은 반드시 필요한 재화라고 할 수 있다. 흑철은 블록체인 기술이 적용된 게임 유틸리티 코인인 드레이코(DRACO)로 교환할 수 있다. 자체적인 교환 비율 시스템에 따라 조금씩 달라지나, 보통 흑철 10만 개를 드레이코 코인 1개로 교환할 수 있으며, 드레이코는 유저들의 가상자산 지갑인 위믹스월렛에서 위믹스

그림 2-42 | 위메이드의 블록체인 게임 '미르4' (자료: 위메이드)

크레딧을 거쳐 위믹스(WEMIX)로 교환활 수 있다. 이렇게 교환된 위믹스 토큰은 업비트(Upbit), 빗썸(Bithumb) 등 국내외 가상자산 거래소를 통해 현금화할 수 있다.

흑철뿐만 아니라 캐릭터와 각종 아이템도 NFT화되어 있어서 유저 간에 거래를 할 수 있기 때문에, 다양한 방법으로 Play to Earn이 가능 하다. 물론, 기존과 동일하게 게임 내 유료 아이템을 판매하는 과금 모 델도 여전히 존재한다는 점에서, 앞서 설명한 엑시인피니티와 같은 블 록체인 게임과는 다르지만, K-블록체인 게임으로 발전하기 위한 좋은 절충적 시도라고 볼 수 있다. 미르4 글로벌은 출시 이후 동시 접속자 수가 100만 명을 넘어설 정도로 흥행하고 있고, 여전히 많은 유저가 미 르4에 유입되고 있다.

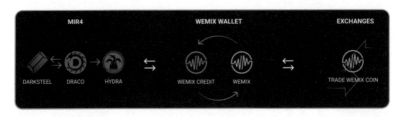

그림 2-43 | 혹철, 드레이코 등 토큰 교환 구조 (자료: 위메이드)

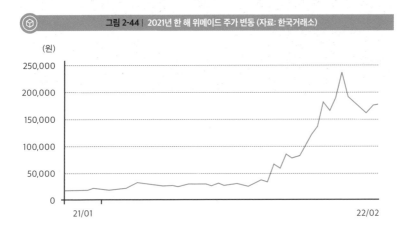

그림 2-44 | 2021년 한 해 위메이드 주가 변동 (자료: 한국거래소)

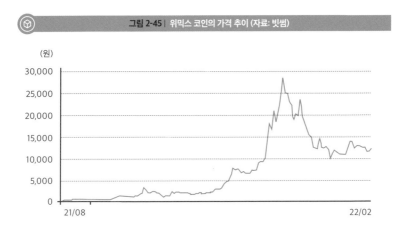

그림 2-45 | 위믹스 코인의 가격 추이 (자료: 빗썸)

메타버스로 가는 NFT 로드맵

이에 따라, 위메이드 자회사 위메이드트리가 발행한 위믹스 토큰(WEMIX)은 유통 기준 시가 총액 9,500억 원에 달하며, 2021년 초 250원에 불과했던 위믹스(WEMIX) 가격은 2021년 11월 29,490원까지 오르며 118배라는 엄청난 상승률을 보였다. 위메이드 주가도 2021년 초 19,000원(무상증자 반영)에서 2021년 11월 245,700원으로 약 13배 상승하면서, 2021년 최고의 주식 중 하나로 손꼽혔다.

위메이드는 미르4를 시작으로 2022년 말까지 위믹스 플랫폼에 블록체인 게임 100개를 서비스하는 것을 목표로 잡고 있다. 먼저, 위메이드커넥트의 게임 3종(다크에덴M, 에브리타운, 두근두근레스토랑)을 온보딩(on-Boarding)했으며, 미국의 레드폭스 게임즈와 블록체인 게임 사업 협력을 하는 등 국내외 게임 개발사와 제휴를 맺고 게임 간 이코노미 창출 및 위믹스 생태계 확장을 준비하고 있다.

필자가 증권사 애널리스트로서 보고서를 작성할 당시 블록체인과 관련하여 위메이드를 제외한 어떤 게임 회사도 언급하길 꺼렸고, 보고서에 담아낼 수 있는 것도 별로 없었다. 하지만 불과 몇 달이 지난 지금, 블록체인과 P2E를 언급하지 않는 회사를 찾아보기 어려울 정도로 시장 상황은 180도 변했다. 아직 상장사 중 위메이드를 제외하면 P2E 게임을 내놓은 곳은 없지만, 앞으로는 줄줄이 P2E 게임이 출시될 것으로 예상된다.

카카오게임즈는 클레이튼 생태계를 운영하는 카카오의 자회사이다. 카카오게임즈는 2020년 5월 핵심 계열 회사 프렌즈게임즈와 암호 화폐 보라(BORA)를 발행한 웨이투빗과 합병했고, 블록체인 기반의 NFT 기술을 활용해 게임과 음원, 영상, 미술품 등 문화 콘텐트의 디지털 가치를 유통하는 플랫폼으로의 확장을 선언했다. 특히, 블록체인 프로젝트 보라의 리뉴얼을 소개하는 'BORA 2.0 파트너즈 데이'에서, 게임/스포츠/엔터테인먼트 등 다양한 콘텐트 서비스를 선보이며, 생태계 환경 확장에 대한 포부를 밝혔다.

또한, BORA 프로젝트의 개발과 지원을 수행해온 자회사 프렌즈게임즈의 사명을 '메타보라'로 바꾸기도 하였다. 카카오게임즈는 모회사와 자회사가 모두 블록체인 사업을 하고 있는 만큼, 2022년 10여 종의 블록체인 접목 P2E 게임을 출시할 것으로 보인다. 또한, 에코시스템 파트너사와 함께 탈중앙거래소(DEX), 탈중앙금융(DeFi), NFT기반금융(NFT-Fi) 등 서비스도 준비 중이다. 다만, 여전히 국내 규제가 강한 상황이기 때문에 P2E 관련 규제가 없는 해외 시장에 우선 서비스할 것이라고 예상한다.

컴투스는 컴투스홀딩스(구 게임빌)와 함께 블록체인 사업을 확대하고 있다. 컴투스 그룹은 2020년 약 5천 억 원을 투입해 다수의 콘텐트 기업과 블록체인 기술 기업에 투자했다. 대표적으로 가상자산 거래소인 코인원의 지분 38.43퍼센트를 취득하여 2대 주주 지위를 확보했으며, 메타버스 구현에 필요한 컴퓨터그래픽(CG) 및 시각특수효과(VFX) 전문기업 위지윅스튜디오의 지분 38.11퍼센트를 확보하여 경영권을 인수했다. 또한, 글로벌 블록체인 게임 산업을 선도하고 있는 애니모카 브

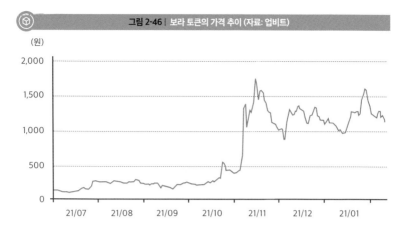

그림 2-46 | 보라 토큰의 가격 추이 (자료: 업비트)

랜즈(Animoca Brands)와 NFT기업 캔디 디지털에 전략적으로 투자했고, 2010년 사업 초기부터 꾸준히 투자해온 게임 회사 데브시스터즈, 웹툰과 웹소설 등 웹미디어 관련 기업인 엠스토리퍼브, 와이낫미디어, 정글 스튜디오 등 자체 메타버스 플랫폼인 컴투버스 구축에 필요한 투자를 이어나가고 있다.

컴투스는 컴투버스와 P2E 생태계를 연결하는 가상자산 C2X 토큰을 발행하며 사업의 속도를 높이고 있다. C2X 생태계는 테라폼랩스가 운영하는 테라(Terra) 블록체인 네트워크 기반으로 구축된다. 국내 개발진이 만든 테라 블록체인은 네이티브 알고리즘 기반 스테이블 코인(stable coin, 가격 변동성을 최소화하기 위해 설계된 암호 화폐)과 스마트 거래(smart contract, 블록체인을 기반으로 한 계약 체결 방식)를 지원하는 플랫폼이다. 최근 디파이(DeFi) 시장에서 엄청난 성장세를 보이고 있으며, 테라에 예치된 자산(TVL, Total Value Locked)은 바이낸스(123억 달러)보다 많은 153억 달러로 이더리움에 이

그림 2-47 | 컴투스의 메타버스와 컴투버스의 파트너십 생태계 (자료: 컴투스)

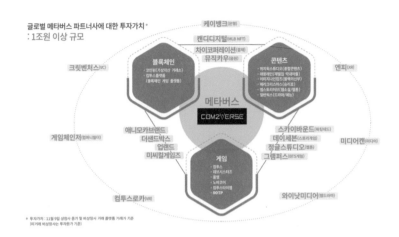

글로벌 메타버스 파트너사에 대한 투자가치 *
: 1조원 이상 규모

* 투자가치 : 11월 9일 상장사 종가 및 비상장사 거래 플랫폼 거래가 기준
(미거래 비상장사는 투자원가 기준)

그림 2-48 | 컴투버스의 유틸리티 토큰인 C2X (자료: 컴투스)

은 2위를 기록하고 있는 공룡 플랫폼이다. 컴투스는 게임 플랫폼 하이브(HIVE)를 통해 블록체인 게임 시장에 진출할 것으로 보인다.

하이브는 게임 운영에 필요한 기능을 단일 소프트웨어 개발 키트(SDK)로 제공하는 플랫폼으로 전 세계 80퍼센트 이상의 언어를 지원하고 있어, 해외에서 인지도가 높은 테라 블록체인과의 시너지가 기대된다. 또한, 컴투스는 매출의 75퍼센트를 해외에서 거둬들이고 있으며, 서머너즈워 및 게임빌 프로야구, 제노니아 등 MMORPG와 캐주얼, RPG의 강력한 IP를 활용할 수 있다는 점에서 기대가 크다. 2022년 2월 C2X 토큰이 발행되었는데, '서머너즈 워: 백년 전쟁'을 시작으로, 약 9개의 게임이 C2X 플랫폼에 합류할 예정이며, 더 많은 게임이 얹혀질 것으로 예상된다.

3N(Nexon, Netmarble, Ncsoft)으로 불리는 국내 대형 게임사 중의 하나인 넷마블은 2022년 1월 자회사 넷마블에프앤씨를 통해 블록체인 게임사 아이텀게임즈를 76.5억 원(지분 90.0퍼센트)에 인수하면서, 글로벌 P2E 시장에 진입하였다. 가상자산 아이텀큐브(ITAMCUBE)의 발행회사인 아이텀게임즈는 블록체인 게임 플랫폼 아이텀스토어를 운영하는 게임사로, 블록체인 게임을 플레이하고 게임 내 자산을 거래할 수 있다. 빠르게 커져가는 시장에 대응하고 경쟁에 합류하기 위해 M&A를 한 것으로 보이며, 회사 내 NFT 전담 조직 및 블록체인 R&D 역량에 시너지효과를 낼 것으로 기대된다.

넷마블에프앤씨의 첫 행보는 세계 최대 암호 화폐 거래소인 바이낸

그림 2-49 | 아이템큐브 토큰의 가격 추이 (자료: MEXC)

스(Binance)와 파트너십을 맺고, 캐주얼 슈팅 게임인 '골든 브로즈(Golden Bros)'를 모바일과 PC 버전으로 출시하는 것이다. 넷마블의 성공 가능성을 높게 보는 이유는 매출이 분산되어 있다는 사실이다. 넷마블의 지역별 매출 비중을 살펴보면 한국은 30퍼센트에 불과하며, 북미 34퍼센트, 일본 12퍼센트, 동남아 11퍼센트, 유럽 9퍼센트 등 해외에 집중되어 있는 것을 알 수 있다. 또한, 해외에서 인기가 좋은 캐주얼 게임 비중이 25퍼센트로 높으며 최근 글로벌 소셜카지노게임 3위인 스핀엑스 게임즈(SpinX Games)를 인수하여 글로벌 사업 경쟁력을 강화하고 있다. 이는 해외 블록체인 게임 시장에서 두각을 나타낼 가능성이 높다는 걸 보여준다. 또한, 넷마블은 2022년 1월 연례 전략 발표 행사인 '넷마블 투게더 위드 프레스(NTP)'에서 국내 게임 Big 3 중에서는 처음으로 P2E

그림 2-50 | 바이낸스 체인이 개발하는 P2E 게임의 단계별 현황 (자료: PlayToEarn.net)

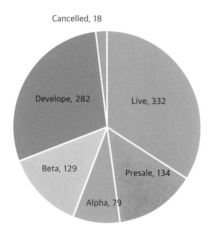

에 대한 중장기 로드맵을 제시했으며, 자체 코인도 발행하는 등 큰 폭 행보를 예고하고 있다.

엔씨소프트도 2021년 11월 3분기 실적 발표 컨퍼런스 콜에서 2022 년에 NFT가 적용된 게임을 발표하겠다고 밝혔고, 주식 시장은 이에 화답하듯 상한가를 기록했다. 지금 거의 대부분의 게임 업체가 P2E 시장 진출을 선언한 상황이기 때문에, 이제는 옥석을 가려야 할 시기 라고 판단된다. 앞서 엑시인피니티와 미르4 등 소위 잘나가는 게임을 주로 설명하였지만, 현재 무수히 많은 P2E 게임이 출시되고 있다. 블 록체인 관련 데이터를 제공하는 PlayToEarn.net에 따르면, 해당 사이 트에서 조사되고 있는 블록체인 게임은 총 974개이며, 이중 실제 플레 이되고 있는 게임은 322개라고 한다. 개발 단계에 있거나 알파, 베타버전처럼 정식 출시를 앞둔 프로젝트가 최소 500개는 넘는다는 이야기다.

많은 P2E 게임이 출시되고 있지만, 그 대부분이 안고 있는 문제점은 완전하지 못한 코인 이코노미일 것이다. 기본적으로 P2E에 참여하는 많은 사람의 목적은 어떠한 형태의 보상을 얻기 위해서이며, 그 보상이 다른 투자보다 좋을 것이라는 판단 때문이다. 기존 게임과는 다르게 블록체인 게임은 투자금이 들어가기 때문에, 이를 빠르게 회수하고자 하는 생각을 가질 수밖에 없다. 이에 따라, 코인에 대한 매도 압력은 강할 수밖에 없다. 그러나 장기적으로 유저를 유입시키기 위해서는 보상으로 받는 코인의 가격이 안정적으로 유지되어야 한다. 왜냐하면, 코인의 가격이 불안하면 사람들이 장기적인 투자를 하기 꺼려할 것이기 때문이다.

게다가 코인이 계속적으로 발행되면 자연스럽게 가격 면에서 인플레이션이 발생할 수 있다. 이에 대해서는 어떤 해결책이 있을까? 가격이 증가된 만큼 코인이 시장 매물로 나오지 못하게 해서 재투자될 수 있게 하고, 게임 생태계 내에서 코인의 활용처 혹은 소모처를 많이 만드는 것이다. 이렇게 하면 매도세보다 매수세가 더 많아져서 인플레이션을 막을 수 있다. 예를 들어, 엑시인피니티에서는 엑시 간 브리딩(Breeding, 교배)으로 새로운 엑시를 얻을 때 SLP 토큰을 사용하게 되고, 미르4에서는 브리딩 시 드레이코가 소각된다. 물론 실제 소각을 하지 않고도 장기적으로 가격을 유지할 수 있다면 가장 이상적이겠으나, 이것은 매우 어려운 일이라고 판단된다.

엑시인피니티의 스무스 러브 포션(SLP)과 미르4의 드레이코(DRACO) 모두 초기에는 많은 수요자로 인해 가격 상승이 나타났지만, 현 시점 기준으로는 우하향세가 나타나고 있다. 보상 코인의 가격이 내린다고 해서 무조건 안 좋은 것은 아닐 터이다. 다만, 인플레이션을 최소화하여 사람들이 그 변화를 예상할 수 있을 정도만 구현이 되어도 유저들은 이를 감안하고 P2E 시장에 참여할 수 있으며, 충분히 혁신적인 모델이 될 것으로 보고 있다. 아직은 P2E 시장이 얼마 되지 않은 초기이기 때문에, 변수가 많으며 기존의 질서를 깨는 새로운 변화가 충분히 나올 것이라고 생각한다.

블록체인 시장은 신생 스타트업에서 시작되었으나, 이제는 거대 기업들도 뛰어들게 되면서, 게임 산업의 패러다임이 'Pay to Win'에서 'Play to Earn'으로 변화하고 있다. 앞서 언급한 해외 프로젝트를 보면 많은 자금이 유치되고 있고, 지속 발전된 비즈니스 모델을 만들어가고 있는 상황이기 때문에, 국내 게임 업계도 빠르게 변화하는 시장에 대응하고 경쟁력을 높여야 한다. 하지만 한국은 아직 규제로부터 자유롭지 않아 좋은 게임들이 빠르게 나오지 못하고 있는 실정이다.

이러한 상황에서, 국내에서 크게 이슈가 되었던 것은 2021년 11월 출시한 '무한돌파삼국지 리버스'다. 이 게임은 2019년 1월 서비스를 종료한 '무한돌파삼국지 for Kakao'의 후속작으로, 적들의 총탄을 피하며 전투를 펼치는 삼국지 소재의 슈팅 RPG 게임이다. 이 게임이 유명해

그림 2-51 | 미르4 드레이코 및 하이드라 시세 (자료: 위메이드)

그림 2-52 | 엑시인피니티 보상 코인 SLP의 가격 추이 (자료: CoinMarketCap)

그림 2-53 | 시가총액으로 본 P2E 토큰

진 것은 일일 퀘스트를 달성하면 무돌토큰(MUDOL)을 보상으로 받을 수 있었기 때문이었다. 보상으로 받은 무돌토큰은 탈중앙화거래소(DEX, Decentralized Exchange)인 클레이스왑(Klayswap)에서 클레이튼 코인으로 교환할 수 있었으며, 게임 오픈 당시 하루에 4만 원(100MUDOL X 400원)을 벌 수 있었다. 하지만 환금성 때문에 결국 1개월 만에 게임물관리위원회에서 위법성에 따른 직권 재분류로 등급 분류가 취소되었다. 현재 국내에선 P2E 게임 출시를 원칙적으로 금지하고 있지만, 무한돌파삼국지 개발사인 나트리스는 자체적으로 게임 등급 지정이 가능한 자체등급분류 사업자로 출시가 가능했다.

현재 국내에서 P2E 게임을 플레이하려면 해외에서 출시된 게임에서 가상 사설망(VPN)을 이용하여 IP를 우회해서 할 수는 있다. 하지만 VPN을 활용할 경우 번거로울뿐더러 인터넷 속도가 느리고 해킹에 대한 우려가 있기 때문에 좋은 방안이라고는 볼 수 없다. 국내 게임 업체들이 P2E 서비스를 위해 해외 전용 게임을 출시할 경우, 전전반적으로 국내 게임들의 품질이 떨어질 수밖에 없다. 이에 국내 P2E 게임을 허용하라는 여론이 들끓고 있는 상황이며, 한국콘텐츠진흥원의 경우 P2E 게임에 대한 지원 정책을 제시하고 있기도 하다.

2000년대 중반 바다 이야기 사태 이후 우리나라 게임 정책의 불변의 원칙이었던 사행성 금지 방침에 대한 변화가 강하게 이어지고 있다. 2023년부터 국내에서도 가상자산에 대한 과세가 시작되며, 관련된 법안들의 논의도 점차 제도권 안으로 편입되고 있다. 이러한 변화에

그림 2-54 | 인플레이션으로 크게 하락한 무돌 토큰 가격 (자료: Dexata)

그림 2-55 | 무한돌파삼국지 게임 이미지 (자료: 나트리스)

메타버스로 가는 NFT 로드맵

맞추어, 블록체인 게임에 대한 규제 완화가 점차 이루어질 것으로 예상되며, 국내 게임 업체들 역시 적극적인 태도로 개발을 시작할 것으로 전망된다.

Ⓝ 무한한 가능성을 가진 팬덤 NFT

블록체인 시장이 빠르게 성장하고 있음에도 불구하고, 한국 프로젝트가 보여주고 있는 위상은 그렇게 높지 않다. 나름 높은 성과를 보이고 있는 NFT 프로젝트는 해외에도 동일한 모델이 있거나 콘셉트를 차용한 것이 많다. 이것이 반드시 나쁘다는 얘기는 아니지만, 우리만의 독창적인 것이 보이지 않는다는 점은 다소 아쉬운 부분이라고 할 수 있다. 하지만 향후 잠재 성장성을 고려해 봤을 때 엔터테인먼트 관련 NFT 시장에서는 한국의 영향력이 매우 강할 것이며, 시장을 선도하는 국가가 될 것이다. 크립토펑크, BAYC와 같은 PFP NFT에서 언급한 것처럼, NFT의 가치를 정하는 데 있어 가장 중요한 요소는 커뮤니티이며, 이는 아무리 강조해도 지나침이 없을 것이다.

한국 K-POP에 대한 팬덤 문화를 생각해 보자. 한국 아이돌 커뮤니티는 한국에만 국한된 것이 아니며, 전 세계에 수많은 팬과 커뮤니티를 형성하고 있으므로 가히 Mega IP(지적재산권)라고 할 수 있다. 이는 K-POP이 NFT로서 성공할 수 있음을 의미한다. 우리나라 아이돌은 세계관을 가지고 있으며, 인물마다 스토리 라인도 있다. 이것을 이해하고 있는 사람들이 팬들이며, 이들이 커뮤니티를 이끌어가는 것이다.

NFT의 가장 큰 장점 중 하나는 지금까지 가치로 환산되지 못했던 유무형 자산을 사고 팔 수 있다는 것이다. 강한 커뮤니티를 형성할 수 있는 IP를 활용한 아이디어는 무궁무진할 것이다. 국내 엔터사들의 주 수입원은 앨범 판매, 콘서트 개최, MD 판매, 방송 출연료 등이었으나, 최근 커머스화가 진행되고 있음을 확인했다는 점에서 NFT는 국내 엔터테인먼트 기업들의 새로운 먹거리가 될 것으로 예상된다.

많은 아이돌의 팬은 본인이 좋아하는 아이돌 굿즈라면 중고마켓 등 개인 거래를 해서라도 모으고자 하는 욕구를 가지고 있다. 심지어 아이돌 사인이 적힌 영수증도 거래가 되는 시대다. 포토 카드는 이러한 소유욕이 시장에서 이미 검증되었음을 잘 보여준다. 포토 카드는 공식 앨범이나, 포토북, DVD 등을 구매할 때 구성품으로 들어가 있으며, 예약 특전이나 유통사별 특전 등 다양한 경로를 통해 얻을 수 있다. 자기가 좋아하는 아이돌의 포토 카드를 모으기 위해, 한 장이 아니라 여러 장의 앨범을 사는 팬들도 많다. 스트리밍 음원이 보편화되어 있음에도 불구하고, 가수들의 앨범 판매량이 줄지 않고 유지되는 이유가 여기에 있을지도 모른다. 따라서 실물로 많은 수요가 있는 포토 카드를 NFT화해서 판매하면 잘 팔릴 것이다.

그렇다면, 실물로 존재했던 포토 카드가 NFT로 발행되면 어떤 효용이 있는 것일까. 이에 대해서는 메타버스가 답해줄 수 있다. 코로나로 인해 메타버스 세상이 빠르게 다가오고 있는데, 국내 거대 엔터테인먼트 기업인 하이브, SM, YG, JYP도 오프라인 콘서트 대신 온라인 메타버스 공간을 활용한 활동을 많이 해왔다. 메타버스 공간은 엔터테인먼트적 요소가 중요한 사람들의 놀이 공간이며, 팬들은 온라인 공간 속에서 아티스트와의 거리를 더 가깝게 할 수 있다.

하이브의 위버스(Weverse), SM엔터테인먼트의 디어유(DearU)는 모두 팬덤 기반의 커뮤니티 플랫폼이다. 이곳은 글로벌 팬과의 소통을 위해 만들어진 공간이며, 향후 메타버스 플랫폼으로 확대될 것으로 예상된다. 메타버스 세상에도 나만의 공간이 존재할 것이다. 과거 싸이월드 미니룸이 3D버전으로 생각하면 이해가 쉬울 것 같다. 우리가 그 공간을 아무 것도 없는 공간으로 놔두지 않고 이것저것 아이템을 구매해서 꾸민 것처럼, 팬들 역시 자기가 좋아하는 아이돌 아티스트의 사진과 굿즈로 그 공간을 꾸미게 될 것이다. 이때 실물로 가지고 있던 포토 카드는 아무런 의미를 갖지 못한다. 그것은 현실의 것이지 메타버스 속으로는 가져갈 수 없기 때문이다. 이 공간을 꾸미기 위해 필요한 것이 팬덤 기반의 NFT가 되는 것이다.

이 메타버스 공간이 더욱 재미있는 것은 현실 세계처럼 움직이는 사진만 붙이는 것이 아니라, 노래를 부르는 영상, 나에게 윙크하는 영상, 손을 흔들어주는 영상 등 새로운 것을 꾸밀 수 있기 때문이다. 아티스트의 앨범이나 굿즈, 콘서트와 같은 형태가 아니어도 아티스트의 존재 자체가 새로운 가치를 만들어낼 수 있는 것이기 때문에, 엔터테인먼트 기업 입장에서는 상당히 매력적인 사업 아이템이 될 수 있다. 또한,

NFT는 한정적으로 발행되기 때문에 과거에 내 방을 꾸미기 위해 무제한 생성되는 아이템과는 소유욕에 있어 차원이 다르다. 내가 좋아하는 아티스트가 만든 특정한 NFT를 가질 수 있는 사람은 전 세계에 몇 명밖에 없으며, 이러한 만족감은 팬들을 더 즐겁게 만들 것이다.

이러한 희소성은 가격을 높게 추켜올리는 요인이기 때문에 투자 수요가 당연히 생기겠지만, 특별한 것을 소유한다는 것은 단순히 금액에서만 나타나는 것은 아니다. 디어유가 서비스하는 버블(bubble)은 최애(최고로 애정하는 스타)와 나만의 프라이빗 메시지라는 콘셉트로서, 실제 아티스트와 메시지를 주고 받으며 소통을 즐길 수 있는 앱 콘텐트이다. 한 아티스트가 많은 팬과 직접 이야기를 해야 하기 때문에, 특정 팬을 겨냥한 메시지를 받을 확률은 매우 낮기는 할 것이다.

하지만 그 메시지를 받기 위해 팬들은 아티스트와의 소통에 집중하고 많은 활동을 한다. 특별 메시지를 받게 되면 내가 아티스트와 진짜 소통을 한다는 생각에 엄청난 기쁨을 느끼게 된다. 주변에도 아티스트로부터 메시지를 받기 위해 열정을 쏟아 붙는 지인이 있을 것이다. 메타버스 공간에서도 특정 NFT를 가지고 있거나 잘 꾸민 장소가 있다면 아티스트가 직접 그곳을 방문해줄 수 있을 것이다. 우리가 맛집을 찾아가면 벽에 붙어있는 연예인의 사인을 보고 재미있어 하기도 하며, 아무런 홍보를 하지 않는 평범한 카페에 인기 스타가 찾아가 커피를 한 잔 마신 인증샷이 공유되면서 카페가 갑자기 유명세를 타고 북적거리는 현상과 비슷하다고 할 수 있다.

커뮤니티적 요소도 빼놓을 수 없다. 이미 열성 팬들이 아티스트를 위한 커뮤니티를 만들어놓은 상황이라 하더라도, NFT는 커뮤니티의 결속력을 한층 더 강하게 만들 것이다. 엔터테인먼트 기업에게 팬덤 NFT가 매력적인 이유는 NFT가 커뮤니티 활성화를 지향하기 때문이다. 현재 엔터테인먼트 기업에게 수익을 가져다주는 것은 대부분 데뷔를 한 아티스트들의 공연과 앨범, 굿즈일 것이다. 인지도 낮은 신인 아티스트나 연습생들에게는 수익을 기대하기보다는 투자를 통해 성장을 목표로 하고 있다. 하지만 NFT가 많은 변화를 줄 수 있다. 앞서 미술품 NFT에서 커뮤니티를 형성해나가는 과정을 생각해 보자. 기존 소속사 아티스트에게 관심을 가져왔던 사람들에게 신인 아티스트 혹은 연습생을 소개하기 위한 방안으로 NFT를 에어드랍, 무료로 나누어주는 것은 어떨까.

누군지 몰랐던 아티스트의 NFT를 받게 된 순간, 팬들은 이들에게 관심을 갖고 초기 커뮤니티를 만들어가는 소중한 팬이 될 수 있다. 이들이 성장하는 과정을 함께하는 조력자가 되는 것인데, 내가 응원했던 아티스트가 BTS와 같은 세계적으로 성공을 거두는 아티스트가 될수도 있잖은가. 만약 그렇게 된다면, 내가 받았던 아티스트의 첫 번째 NFT는 어마어마한 금액이 되어있을 것이다. 물론, 내가 받은 NFT가 마음에 들지 않을 수도 있다. 그럴 경우에는 해당 아티스트의 NFT를 원하는 다른 사람에게 판매를 하면 된다. 수요자가 많으면 가격은 오를 것이며, 수요자가 없으면 가격이 내려가는 시장의 원리가 작동된다.

자연스럽게 아티스트마다 시장이 바라보는 가격이 형성된다. 인지도가 낮으면 당연히 시장 가치는 낮게 평가되겠으나, 팬들과의 소통이나 자기 개발을 통해 나의 가치를 증명할 수 있는 수단이 될 수 있다.

지금까지 시장의 평가가 없는 이들이 가치를 증명할 수 있는 장소는 방송사에서 진행하는 오디션 프로그램이 전부였다. 인기리에 방영되었던 '프로듀스101'이 좋은 사례이다. 연습생들이 방송을 통해 팬을 확보하고, 시청자로부터 많은 표를 얻은 연습생이 데뷔를 할 수 있는 시스템이다. 하지만 이런 방식은 한정된 방송 시간과 많은 연습생의 출연으로 편집은 불가피하며, 모든 모습을 보여줄 수 없다는 단점이 존재한다. 그런데 이제는 NFT를 통해 긴 시간 동안 팬들과의 접점을 늘려나갈 수 있는 좋은 시스템이 생긴 것이다.

연습생이나 신인 아티스트의 초기 NFT는 해당 아티스트가 성장할 수 있도록 하는 스타트업 투자와 유사하며, 이들의 성장에 대한 이익을 팬들과 함께 공유할 수 있는 시스템이기도 하다. 이렇듯 소유욕과 자부심, 초기 조력자 등 팬덤 NFT에는 많은 수요가 존재하며, 이는 엔터테인먼트 NFT 시장의 성장성을 높일 것이다. 또한, 거대한 마켓을 형성하게 될 것으로 예상된다.

ⓝ 재미있는 NFT 프로젝트

지금부터는 굵직굵직한 NFT 카테고리에 속하진 않지만 흥미로운 콘셉트를 가진 NFT 프로젝트를 소개하려고 한다. 이러한 NFT 프로젝트들은 정형화된 NFT만 있는 것이 아니라 생각보다 다양한 것이 NFT화 될 수 있다는 것을 보여주는 사례이다. 또한, NFT가 단순 PFP로만 사용되는 것이 아니라 실생활에 활용되는 케이스들이 점차 많아지고 있다는 것을 보여준다.

가장 활발한 모습을 보이고 있는 것이 패션 시장이며, 많은 패션 브랜드가 NFT 시장에 진입하고 있다. 메타버스에서 사용되는 아바타는 우리처럼 옷을 입어야 하며, 이때 이용자는 모두가 입을 수 있는 흔한 패션이 아니라 자신을 드러낼 수 있는 특별한 패션을 요구하게 될 것이다. 따라서 다양한 패션에 대한 수요는 점차 커질 것으로 예상된다.

세계 1위 스포츠 브랜드 나이키(NIKE)는 패션 NFT 스타트업 RTFKT를 인수하면서, NFT 시장에 참여했다. RTFKT는 다양한 디자이너, 아티스트와 손잡고 디지털 신발 NFT를 만드는 신생 기업이다. 디지털 아티스트 푸오셔스(FEWOCiOUS)와의 협업으로 선보인 600종의 신발 NFT는 7분 만에 완판되어 310만 달러의 수익을 내기도 했다. 또한, 패션 디자이너 제프 스테이플(Jeff Staple), 일본 예술가 무라카미 다카시(村上隆) 등과 만든 NFT도 완판시켰다. 스니커즈 시장에서 나이키의 한정판 제품을 사기 위한 수요가 상당히 큰 만큼, RTFKT는 메타버스 공간에서도 브랜드 가치를 이어가기 위해 노력할 것이라고 생각한다. 나이키의 인수로 RTFKT NFT의 가격은 크게 상승하기도 했으며, 최근 30일 기준 무라카미 타카시의 아바타 NFT의 거래액은 24,513ETH이며, 최

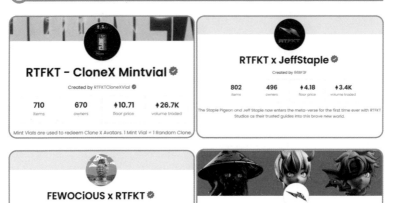

그림 2-56 | 높은 가격이 형성된 RTFKT NFT(자료: 오픈씨)

저 가격 5.9ETH로, 오픈씨 순위 7위에 랭크되어 있다.

유럽의 대형 스포츠 패션 브랜드 아디다스(adidas)도 NFT 시장에 진출하고 있다. 아디다스는 유명 PFP NFT인 BAYC(Bored Ape Yacht Club), PUNKS Comic, 인플루언서 gmoney와 제휴를 맺고 컬래버레이션 작품을 선보였다. NFT의 이름은 'adidas Originals Into the Metaverse'로 디지털 NFT 상품뿐만 아니라 실제 브랜드 상품(옷, 신발 등)을 획득할 수 있는 권리를 담은 NFT라는 것이 특징이다. 총 3만 개가 발행되었으며, 초기 판매가는 0.2ETH(당시 약 100만 원)이었으나, 현재 최저 가격은 1.6ETH에 형성되고 있다.

미국 패션 브랜드 언더 아머(Under Armour)는 BAYC 홀더로 유명한

그림 2-57 | BAYC와 컬래버레이션 NFT를 선보인 아디다스 (자료: 오픈씨)

NBA 스타 스테픈 커리와 갈라 게임즈(Gala Games)와와 협력해 운동화 NFT를 출시하였다. 언더아머는 2013년부터 스테판 커리의 스폰서였으며, 2021년 12월 세워진 역대 최다 3점 슛 기록 경신을 기념하기 위해, 당시 신고 있던 Curry Flow9 운동화를 NFT화하였다. 이 운동화 NFT는 폴리곤(MATIC) 블록체인에서 발행되며, 갈라 게임즈, 샌드박스, 디센트럴랜드(Decentraland)의 메타버스 공간에서 착용하는 것이 가능하다. 총 2,974개의 NFT가 개당 333달러에 판매되었다.

의류 브랜드 갭(GAP)은 테조스(Tezos) 블록체인을 기반으로 NFT 컬렉션을 선보였다. 한정판 갭 후드티를 구매할 수 있는데, 일반(Common), 레어(Rare), 에픽(Epic), 유니크(One of a Kind) 총 4개 등급으로 구분되어 있다. 각각 2XTZ(약 1만 원), 6XTZ(약 3만 원), 100XTZ(약 50만 원)에 판매되고, 최고 등급인 '유니크' 등급은 경매 형식으로 팔려나갔다. 일반 NFT 4장과

그림 2-58 | 언더아머가 출시한 스테판커리 운동화 NFT (자료: Under Armour)

그림 2-59 | 4등급으로 나뉜 의류 브랜드 GAP의 NFT (자료: GAP)

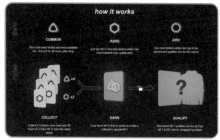

레어 NFT 2장을 조합하면 스페셜 NFT가 나오는데, 이 스페셜 NFT를 소유해야만 에픽 등급의 NFT를 구매할 수 있다. 에픽 등급 이상의 NFT를 구매한 유저는 프랭크 에이프(Frank Ape) 만화를 탄생시킨 브랜드 사인즈와 협업한 실물 후드티를 수령할 수 있다.

럭셔리 브랜드 발망(Balmain)은 NFT 발행을 위해 바비(Barbie)와 손을 잡았다. 발망과 바비는 옷과 악세서리로 꾸민 바비 인형 3개의 NFT를 만들었다. NFT 마켓 플레이스인 mintNFT에서 경매를 진행했으며, NFT 경매 낙찰자는 바비 인형 전용의 미니 발망 의류를 받을 수 있다. 이외에도 명품 브랜드인 돌체 앤 가바나(Dolce & Gabbana), 구찌(Gucci), 지미 추(Jimmy Choo)도 NFT를 선보였고, 신발 업체 크록스(Crocs)도 상표 신청 내용 등을 봤을 때 NFT 시장에 진출할 가능성이 높아 보인다. Wear to

Earn(W2E) 시장은 10억 달러 규모의 패션 산업 시장을 겨냥하고 있으며, 착용형 NFT를 활용한 디지털 웨어러블 구현, 가상 패션쇼 등 실물에서 디지털로 패션 소비 트렌드가 변화할 것으로 예상된다.

PFP NFT는 일종의 커뮤니티 회원권이라고 볼 수 있는데, 이와 유사하게 실제 오프라인에서 NFT 소유자들에게만 특정 권한을 부여하는 회원제 NFT도 등장했다. '플라이피쉬 클럽(Flyfish Club)'은 해산물을 모티브로 한 회원제의 고급 다이닝 클럽으로, 레스토랑 예약 서비스 레지(Resy)의 창업자인 게리 바이너척(Gary Vaynerchuk)이 뉴욕에 오픈하는 세계 최초의 NFT 레스토랑이다. 이 레스토랑을 이용하기 위해서는 해당 NFT를 소유하고 있어야만 하며, 프리미엄 회원은 프라이빗 룸이나 고급 일식 레스토랑까지 이용이 가능하다는 콘셉트로 운영된다.

NFT를 소유하고 있다고 해서 음식이 전부 무료인 것은 아니고, 레스토랑에 들어갈 수 있는 특전을 부여받는 것이다. 이러한 프라이빗한 콘셉트로 일반 회원 NFT는 2.5ETH에 2,650개, 프리미엄 회원 NFT는 4.25ETH에 385개를 판매했으며, 놀랍게도 현재 오픈씨 2차 마켓에서는 최저 가격이 일반 NFT 7.1ETH, 프리미엄 NFT 17ETH을 기록하고 있다. 이런 사례를 보면, NFT는 브랜드 파워를 가진 미슐랭 스타 요리사들이 생각해 볼 만한 사업 모델이 아닐까 생각한다.

LinksDAO는 DAO(Decentralized Autonomous Organization, 탈중앙화 자율 조직) 기반의 골프 레저 클럽으로, 골프장 인수에 성공할 경우, NFT 투자자에게 골프장 멤버십을 구매할 수 있는 권한을 주고, 각종 상품을 이용하

그림 2-60 | 고급 다이닝 클럽 NFT, Flyfish Club (자료: 오픈씨, 플라이피쉬 클럽)

그림 2-61 | DAO 기반의 골프 레저 클럽 NFT (자료: LinksDAO)

A NEW ERA IN GOLF

LinksDAO is creating the modern golf & leisure club. A global community of thousands of enthusiasts has come together to create one of the world's greatest golf clubs - and reimagine the country club.

Memberships are sold out. You can purchase on secondary.

Join Our Discord

거나 할인받을 수 있다. 어떻게 보면 기존의 골프 회원권과 유사한 부분이 많지만, 투자 현황 및 분배 방법, 운영 과정이 모두 투명하게 공개되고 소수의 경영진이 주도하는 것이 아니라 NFT 소유자 모두가 참여하는 새로운 형태의 컨트리 클럽인 것이다. 최근 골프장 매입을 위한 첫번째 NFT 컬렉션 판매를 완료하였는데, 레저 멤버십(Leisure Membership) NFT 6,363개와 글로벌 멤버십(Global Membership) NFT 2,727개, 이렇게 두 가지 유형으로 판매되었다. NBA 스타 스테픈 커리가 LinksDAO의 레저 및 글로벌 멤버십을 각각 0.29ETH, 1.12ETH에 구입했다는 소식이 들려 이슈가 되기도 했다.

NFT 열풍이 불면서 NFT를 활용한 탈중앙화 자율 조직 DAO가 블록체인 생태계에서 다시 주목을 받고 있다. DAO는 기업처럼 이익을 추구하고, 투자금(가상자산)을 모아 다양한 사업이나 특정 목적에 투자하는 일종의 탈중앙화 투자 조합이라고 할 수 있다. 가상자산으로 투자금이 모이기 때문에, 국경의 경계는 없으며 뜻이 맞는 익명의 사람들이 투명하게 공개된 코드 안에 모일 수 있다. 가령 ConstitutionDAO는 는 소더비 경매에 붙여지는 오리지널 미국 헌법 인쇄본에 입찰하기 위해 조직된 DAO인데, 일주일 만에 입찰을 위한 자금 약 4,000만 달러가 모였다. 모금에는 약 17,000명이 참여했다.

당시 낙찰가는 4,320만 달러였고, 낙찰에 실패한 ConstitutionDAO는 모금되었던 이더리움코인을 투자자들에게 돌려주었다. 하지만 지금까지도 모금으로 받았던 피플(PEOPLE) 토큰의 절반을 그대로 보유하고 있고, 이를 커뮤니티가 자율적으로 밈코인으로 만들고 있다. 2021년 7월에는 미국 최초로 DAO 형태의 정식 법인이 등장하기도 했다. 미국 와이오밍주 정부는 THE AMERICAN CRYPTOFED DAO를 합법적인 법인으로 승인했는데, 이 회사는 달러화 가치 변동에 영향을 받지 않는 가상 화폐 거래 시스템 구축을 추진하는 기업이었다. 이 DAO는 소수의 관리자가 아닌 모든 참여자가 의사 결정권을 가지며, 토큰을 내면 회사 경영 제안이나 회사 운영에 참여할 수 있다.

한국에서도 2022년 1월 간송미술관 경매 참여를 위한 국보DAO(National Treasure DAO)가 결성되었다. 국보DAO는 우리나라 문화 유산을 시민 스스로 주체가 되어 보호하고, 그 의미를 대중적으로 확산시키기 위해 기획된 프로젝트다. 일례로, 간송미술관은 전 국민적 문화재 보호에 대한 관심을 증진시키기 위해 케이옥션을 통해 국보 2점(금동삼존불 감, 계미명금동삼존불입상)의 경매(2022년 1월 27일)를 실시하기도 했다. 이때 성공

그림 2-63 | ConstitutionDAO의 '피플' 토큰 가격 추이 (자료: CoinMarketCap)

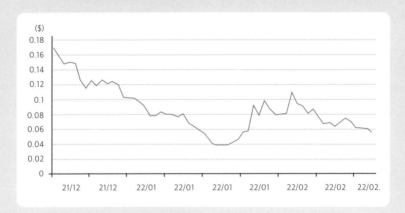

적으로 DAO가 문화재의 소유권을 확보할 경우, 해당 국보의 NFT를 발행하게 되며 NTD 토큰 보유자들은 NFT를 민팅(발행)할 수 있는 자격을 부여 받게 된다. 그러나 아쉽게도 해당 프로젝트의 모금액이 목표치(50억 원)를 달성하지 못하여, 투자금은 모두 환불되었다. 아무튼 국내에서도 이러한 NFT를 활용한 DAO가 확산될 것으로 보이며, 새로운 변화를 가져올 것으로 예상된다.

최근 NFT 시장에서 뜨거운 반응을 보였던 건 네이밍 NFT이다. 말 그대로 작명 NFT로, 가장 대표적인 것이 이더리움 네임 서비스(ENS, Ethereum Name Service)다. 코인을 보관하는 지갑 주소에 '0x'로 시작하는 닉네임을 NFT화한 것인데, 구체적으로는 '0x'로 시작하는 길고 복잡한 지갑 주소를 간결한 나만의 닉네임으로 바꾸어 외우기 쉽게 변환하는 것이다. 보통 xxx.eth로 표시되는데, 인터넷 도메인 주소를 선점하거나 계좌번호를 나의 전화번호로 하는 것과 유사하다. 셀럽 중에서는 패리스 힐튼(ParisHilton.eth), 샤킬 오닐(SHAQ.ETH), 비탈릭 부테린(vitalik.eth) 등이 이더리움 네임 서비스를 사용하고 있다. 네임 서비스에는 사용료가 붙기 때문에, 단순히 주소 변경만을 위해서 쓰는 것은 부담스러울 수 있다. 하지만 일부 사람들은 나중에 비싼 가격에 되팔 수 있는 닉네임을 선점하기 위해 비용을 들여 만들기도 한다.

이 서비스는 2017년에 출시되었지만 최근 핫이슈로 떠올랐는데, 그건 토큰 발행 때문이었다. 이더리움 네임 서비스는 ENS 토큰과 DAO를 론칭하면서 ENS주소를 오래 보유하여 생태계 활성화에 기여한 보유자에게 ENS토큰을 에어드랍했다. 전체 발행 토큰 중 25퍼센트가 에어드랍 물량으로 할당되었으며, 초창기부터 ENS 주소를 가지고 있었다면 약 780ENS를 받을 수 있었을 것이다. 이슈가 되었던 것은 ENS가 거래소에 상장되어 80달러까지 상승했다는 사실인데, 이 경우 780ENS는 무려 약 7,400만 원에 달하는 금액이니, 무리도 아니다.

이런 소식이 전해지자, 사람들은 아직 토큰이 발행되지 않은 다른 블록체인의 네임 서비스로 눈길을 돌렸고, TNS(Terra Name Service), SNS(Solana Name Service), BNS(Bitcoin Name Service) 등에도 많은 투자가 이루어졌다. 이러한 네임 서비스는 기존에는 구글 아이디, 페이스북 아이디처럼 로그인을 하는 목적으로만 사용되었으나 향후 Web 3.0(탈중앙화와 개인의 콘텐트 소유가 주요 특징인 차세대 인터넷)에서는 새로운 아이디 체계가 될 수

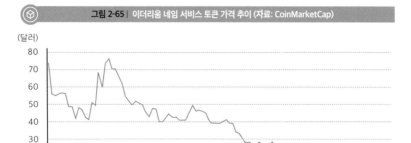

그림 2-65 | 이더리움 네임 서비스 토큰 가격 추이 (자료: CoinMarketCap)

그림 2-66 | 이더리움 주소 중에서 인기높은 패리스 힐튼의 ENS (자료: ENS)

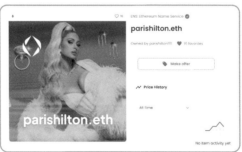

그림 2-67 | 미스터미상의 고스트 프로젝트 (자료: 오픈씨)

있을 것이다.

PFP이지만 추가적인 기능을 더해 실생활에 사용할 수 있게 만든 NFT도 있다. 국내 유명 디지털 아트 작가인 미스터 미상(Mr. Misang)이 만든 고스트 프로젝트는 기존 아바타 이미지와 차별화하기 위해 라이브 트래킹(Live Tracking) 기술을 PFP NFT에 결합하였다. 라이브 트래킹 기술로 아바타가 사용자의 표정을 그대로 따라할 수 있어, 줌(Zoom), 구글 미트(Google Meet), MS 팀즈(Teams) 등 다양한 화상 회의에서 사용할 수 있는 것이 특징이다. 최근 재택근무 등으로 인한 화상 회의가 많아짐에 따라 색다른 경험을 제공할 수 있을 것으로 보인다.

목소리를 NFT화한 보이스버스(Voiceverse)는 실시간 커뮤니케이션이나 콘텐트 제작을 위해 메타버스 전반에 걸쳐 사용 가능한 고유한 목

그림 2-68 | 목소리를 NFT화한 보이스버스 (자료: 오픈씨)

소리에 대한 소유권을 제공하는 NFT다. 게임 내 채팅, 통화, 유튜브, 틱톡 등에서 사용할 수 있는 것이 특징이다. 오버워치 루시우, 디바, 스타크래프트2, 팬과 제이크의 어드벤처 타임 등 유명 성우들과 협업하였다는 점에서 흥미로운 프로젝트라고 볼 수 있다. 이 NFT를 가진 사람은 목소리를 소유할 수 있는 것이며, TTS(Text to Speech) 툴을 사용해서 문자를 입력하면 음성으로 변환시킬 수도 있다. 해당 기술은 카카오와 LG CNS로부터 투자를 받은 스타트업 로보(LOVO)가 구현하고 있다. 또한 향후에 실시간 음성 변환을 통해 콘텐트 제작에 있어서 다양한 활용이 가능하다는 점에서 실용성 있는 NFT로 보인다.

스포츠 시장에도 NFT가 적용될 분야는 상당히 많다. 스포츠는 커뮤니티가 상당히 강한 문화이기 때문이다. 스포츠는 전 세계적으로 오랜 역사를 가진 문화이며, 소통의 언어이다. 많은 프로 스포츠의 경우, 지역을 기반으로 구단이 형성되어 있어서 그 지역 사람들을 하나로 모아

주는 역할을 한다. 경기에서 이기고 지는 것은 중요하지 않다. 만년 꼴찌를 하는 팀에게도 희로애락이 있으며, 세대를 아우르는 스토리와 의미를 가지고 있을 것이다. '커뮤니티의(of the community), 커뮤니티에 의한(by the community), 커뮤니티를 위한(for the community)'이라는 말이 어울린다. 스포츠 시장에는 NFT뿐만 아니라, 팬토큰도 존재한다. 팬토큰을 구매한 사람들은 팬 투표 때 투표권을 행사해 구단의 사소한 의사 결정에 참여한다. 골을 넣었을 때 나오는 음악 선정, 구단 버스의 디자인, 라커룸에 전달할 응원 문구 등 사소한 것들이다. 그만큼 팬덤이 있는 스포츠도 매력 있는 시장이 될 수 있는 것이다.

스포츠 NFT에서 가장 유명한 블록체인 회사는 대퍼 랩스(Dapper Labs)다. 2017년 크립토키티를 개발해 명성을 얻은 대퍼 랩스는 이를 기반으로 삼성넥스트, 구글벤처스 등으로부터 투자를 유치했다. 이를 통해 UFC, NBA 등과 업무 제휴를 통해 공격적으로 프로젝트 포트폴리오를 넓혀 나갔고, 2020년 하반기 NBA 탑샷(TopShot)을 선보이면서 다시 한번 큰 성공을 거두게 된다. 미국의 엄청난 NBA 인기와, 영어권의 카드 수집 문화를 대퍼랩스가 세련된 디자인과 인터페이스로 구현해 내면서 폭발적인 반응을 얻었다. NBA와 어깨를 견주는 MLB와 NFL도 비슷한 시기 MLB Champions, NFL Panini 브랜드로 NFT 시장에 진출했지만 큰 주목을 받지 못한 채 잊혀진 것을 생각해보면, 대퍼 랩스의 사업 전략이 적절했다고 볼 수 있다. 탑샷은 초기 팩 드랍 지원자 수가 30만 명을 넘어서고, 여러 서브 커뮤니티가 활성화되는 등 가장 널리 대중에게 수용된 NFT 프로젝트로 인정받고 있다.

NBA 탑샷은 선수들의 덩크슛 등 경기 활약상을 담은 라이브 카드(영상)를 NFT 디지털 토큰 형태로 판매한다. 소비자들이 탑샷의 카드를 구매하는 방법에는 두 가지가 있다. 카드 팩을 뽑는 방법과 마켓 플레이스에서 구매하는 방법이 그것이다. 이를 통해 NBA 팬들은 좋아하는 선수의 카드를 구매해 주요 장면을 소유할 수 있게 된다. 카드는 선수에 따라, 부여된 등급에 따라 그리고 시리얼 번호에 따라 그 가치가 달라지게 된다. NBA에서 인기가 많은 선수, 높은 등급(일반, 팬덤, 레어, 레전더리, 얼티메이트)의 카드, 각 카드 중 앞 번호와 해당 선수의 등번호와 동일한 번호의 카드가 높은 가격에 거래된다.

탑샷은 2020년 10월 오픈 이후 5개월 만에 3,600억 원의 매출을 올렸다. 2021년 9월 6일 기준 가장 비싼 카드는 전 세계에 49장만 발매된 2019년 12월 15일 르브론 제임스의 덩크 카드였는데, 최고 거래 가격이 21만 달러에 달했다. 탑샷은 올해 초까지 NFT 프로젝트 시장에서 압도적인 1위를 기록하고 있었지만, 최근에는 다양한 프로젝트의 등장으로 열기가 약간 식어가는 상태에 있다. 댑레이더 데이터에 따르면, 탑샷 NFT의 누적 거래량은 엑시인피니티, 크립토펑크에 이어 4위를 기록하고 있고 누적 거래 대금은 7.2억 달러를 기록하고 있다.

한편 음악계에서도 NFT를 활용하는 사례가 나타나고 있다. 일본 출신의 세계적인 피아니스트 사카모토 류이치(坂本龍一)는 본인을 대표하는 작품 중 하나인 'Merry Christmas Mr. Lawrence'를 NFT화했다. 96

그림 2-69 | 컬렉팅 시장에서 인기 높은 농구를 소재로 한 NBA 탑샷 (자료: NBA 탑샷)

메타버스로 가는 NFT 로드맵

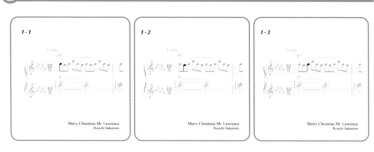
그림 2-70 | 음악 작품을 NFT화한 사례 (자료: Adam by GMO)

소절로 이루어진 오른손 멜로디 595음을 1음씩 디지털로 분할해 NFT 화했으며, 각각의 음이 위치하는 소절의 악보가 화상으로 연결되어 있다. 이 NFT는 마켓 플레이스 Adam by GMO에서 1음당 10,000엔에 판매되었다. NFT 구매자는 해당 곡의 풀버전 WAV파일을 다운로드할 수 있으며, 사카모토 류이치의 친필 악보 실물을 받을 수 있는 NFT 경매에 참가 자격을 부여받았다. 이후 친필 악보 NFT는 3,000만 엔에 낙찰되었으며, 1음 NFT의 최저 가격은 10만 엔에 형성되어 있다.

실물 자산을 기반으로 하는 NFT도 있다. 2021년 11월 전 세계적으로 텅스텐 금속의 부족 현상이 벌어지고 있다는 가짜 뉴스 트윗이 퍼지면서 사람들이 정육면체로 만들어진 텅스텐 큐브를 투자 대상으로 삼은 이슈가 있었다. 아마존 사이트에서도 품절될 만큼 텅스텐 큐브의 수요는 커졌는데, 텅스텐은 밀도가 높아 부피가 작아도 무겁고, 큰 텅스텐 큐브는 집에 보관하기도 쉽지 않다는 단점이 있다. 그래서 텅스텐 큐브를 제조하는 미국의 미드웨스트 텅스텐 서비스(MTS)는 약 37

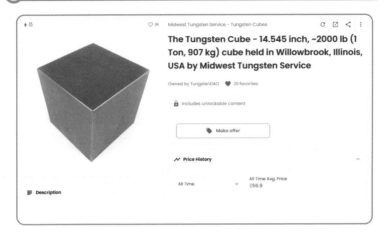

그림 2-71 | 실물 원자재를 인도받는 권리의 NFT화 (자료:오픈씨)

센티미터, 무게 약 900킬로그램에 달하는 초대형 텅스텐 큐브를 NFT로 제작하여 판매했다. 이 NFT를 구매하는 사람은 해당 텅스텐 큐브의 소유권을 가지게 되지만, 제품 배송 대신 큐브는 본사에 보관되고 NFT 소유자는 1년에 한 번 접근할 수 있다. 해당 텅스텐 큐브 NFT는 텅스텐DAO가 25만 달러에 구입하였고, 수익금의 10퍼센트는 자선 목적으로 기부될 것으로 알려졌다.

클럽레어(ClubRare)는 쉽게 구하기 어려운 한정판 상품이나 명품을 NFT로 발행하고, 이를 경매 또는 판매의 형태로 거래할 수 있는 플랫폼이다. 2021년 7월, 한정판 에르메스 쉐도우 버킨 백을 오픈씨를 통해 경매하기도 했고, 에르메스 캘리백, 샤넬 핸드백, 롤렉스 시계 및 한정판 나이키 스니커즈 등을 판매한 적도 있다. 해당 제품은 서울 강남구 삼성동의 출입이 제한된 시설 금고에 보관되어 있으며, 토크의 소

그림 2-72 | 명품 등 실물 상품의 NFT화 (자료: 오픈씨)

유자는 언제든지 상품을 인도받을 수 있다. 이처럼 투자는 하고 싶지만, 개인적으로 보관하기 어려운 실물 자산은 NFT를 통해 쉽게 투자할 수 있는 것이다.

특히, 금과 은을 비롯하여 옥수수, 소맥, 대두 등 원자재는 시카고상품거래소(CME)에서 거래할 수 있는데, 금융 시스템이 잘 갖춰진 선진국이 아니고서는 접근이 쉽지 않다는 단점이 있다. 그러나 이것을 NFT로 거래할 수만 있다면, 절차 및 비용 면에서 지금보다 더 많은 사람에게 투자의 기회를 줄 수 있을 것이다.

NON - FUNGIBLE TOKEN

PART 3

돈이 되는
메타버스 세상이 펼쳐진다

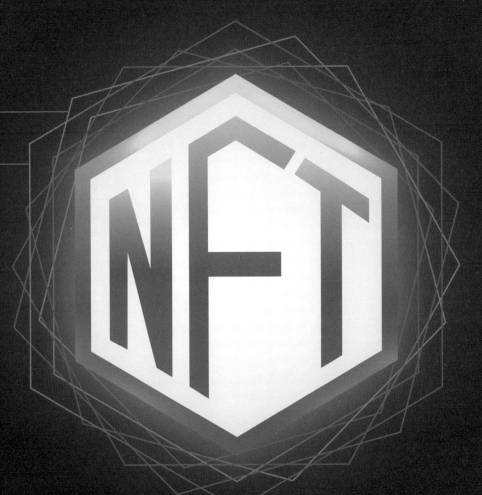

메타버스라는 우주가 있기에 펼쳐지는
다채로운 꿈과 촘촘한 생태계

NFT의 빠른 성장 뒤에는 메타버스가 있다

필자가 이 책을 쓰면서, 가장 힘들었던 점은 다양한 프로젝트를 조사하고 원고를 완성하였음에도 불구하고 일주일만 지나면 새로운 것이 업데이트되어 다시 수정을 해야 했다는 점이다. 필자가 이 글을 쓰고 있는 시점은 비트코인 가격이 신고가(68,000달러)를 다시 경신한 다음, 금리 인상 및 인플레이션 등 매크로 이슈 때문에 35,000달러 아래로 크게 조정을 받고 있는 때이다. NFT도 비트코인과 유사한 가상자산의 범주에 속하기 때문에, 다소 어려운 구간이 될 것으로 보는 사람이 많다. 그러나 현재 나타나고 있는 상황을 보면 예상과 다르게 나타나고

그림 3-1 | 암호화폐 시장이 흔들려도 꾸준히 성장하는 NFT 시장 (자료: NFTGO)

그림 3-2 | 비트코인 하락으로 크게 조정받는 암호화폐 전체 시가총액 (자료: CoinMarketCap)

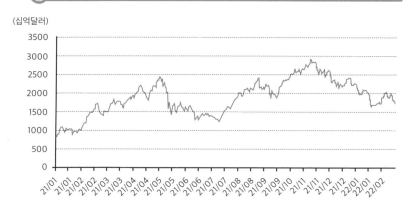

있다.

암호 화폐 전체 시가 총액은 2021년 11월 11일 2.97조 달러를 기록한 후 2022년 2월말 1.7조 달러로 약 40퍼센트 조정을 받았으나, 데이터 제공업체 NFTGO에 따르면 NFT 시가 총액은 167억 달러로 연일 사상 최고치를 기록하고 있다. 참고로, NFTGO는 1,800여 개의 NFT

컬렉션을 기준으로 시가 총액을 산정하고 있다. 아직은 NFT 시장 규모가 암호 화폐 시장 대비해서 작고, 모든 NFT 자산 가격을 트레킹하는 것은 어렵기 때문에 조사 기관마다 다른 수치를 보여주는 경우가 있다. 그러나 금액 자체에 의미를 두기보다는 시장 자금의 방향성에 초점을 맞추는 것이 옳을 것으로 보인다.

NFT로의 자금 흐름은 여전히 긍정적인데, 이것은 NFT가 암호 화폐의 가격 하락을 따라가는 것이 아니라 NFT가 그 자체로 하나의 자산 카테고리를 형성하고 있음을 보여준다.

그렇다면 가상자산 시장을 포함하여 전반적인 자산 시장 약세에도 불구하고, NFT 시장이 시장 자금을 흡수하며 다른 자산군과 비교하여 강세를 보이는 이유는 무엇일까?

NFT가 성장하는 배경에 메타버스가 있다. NFT는 블록체인 메타버스를 구성하는 재화로, 다양한 산업에 NFT 기술이 접목되고 있다. 많은 기업의 메타버스 시장 참여는 더 이상 메타버스가 상상의 공간이 아닌 NFT가 실제 소비가 될 수 있는 공간으로 발전하고 있음을 의미한다. 즉, 메타버스가 점점 우리 앞으로 다가오고 있는 것이다.

그렇기에 NFT는 단순 수집에 그치는 것이 아니라 앞으로 사용성이 확대될 가능성이 높다. 이는 NFT의 높은 성장성이 예상되는 이유이기도 하다. 한편, 코로나 바이러스의 확산으로 전 세계 정부가 돈을 엄청나게 풀었으며 갈 곳 없는 자금이 NFT로 이동한 것이기 때문에, NFT 열풍이 거품에 지나지 않는다고 주장하는 사람들도 있다. 필자도 작은 시장에 거대한 자금이 들어오면서 급격한 성장이 나타났다는 부분에 대해서는 동의한다. 코로나 시대가 오지 않았더라면, 필자도 NFT 관련 보고서를 발간하거나 책을 집필하는 일은 없었을 것이다.

그렇다면, 코로나가 종식되거나 일상화되면 메타버스와 NFT에 대한 관심이 없어질까?

코로나가 종식된다면 경제적으로는 코로나 사태로 풀린 자금 회수를 위한 금리인상과 양적긴축(Quantitative Tightening)이 있을 것이다. 그리고 일상 생활에서는 재택 근무와 화상 회의 등 비대면 커뮤니케이션이 줄어들 것이다. 이 때문에, 코로나의 종식이 메타버스 수요에 영향을 줄 것이라는 우려가 많다. 하지만 사람들의 메타버스 활용 및 자금 이동은 계속 증가할 것으로 생각한다. 왜냐하면 우리가 이미 메타버스라는 것을 경험했기 때문이다.

경험이라는 것은 무엇인가 새로운 것을 받아들이는 데 중요한 요소이다. 아무리 혁신적인 제품이 있을지라도 사용해 보기 전까지는 알 수 없으며, 기존에 하던 행동에 대한 관성으로 새로운 것에 대해서는 자연스럽게 거부감을 갖는다. 하지만 한번 경험을 통해 편리함이나 즐거움을 알게 되면, 이전으로 다시 돌아가기란 대단히 어려운 노릇이다. 많은 사례가 있겠지만, 메타버스와 유사하게 코로나 발생 이후 나타났던 경험들을 생각해보자.

예를 들어, 신선 식품 배송 및 음식 배달 서비스가 바로 그런 것이다. 코로나 이전에 인터넷의 발달로 공산품에 대한 인터넷 쇼핑 인프라는 잘 구축되어 있었지만, 지금처럼 발빠른 배송이 가능하진 않았다. 특히, 신선 식품은 유통 기간이 짧고 신선도가 중요하기 때문에 소비자들은 온라인으로 주문하기보다는 마트나 동네 슈퍼에서 직접 눈으로 보고 구매하는 걸 선호했다. 하지만 코로나로 인해 외출 빈도가 줄어들고 사람들이 콜드체인 시스템이 갖춰진 쿠팡과 마켓컬리를 이용하기 시작하면서, 사람들은 이러한 서비스의 장점을 알게 되었다. 이용해 보니 매우 편리했던 것이다. 이에 따라 이러한 서비스를 이용하는 소비자는 1인 가구 및 2030세대 위주에서 다양한 연령층으로 확대되었다.

음식 배달 서비스 역시 코로나로 크게 성장한 시장이다. 사실 음식 배달은 새로운 것은 아니다. 중국집과 피자, 치킨 등 대부분의 음식점은 신속 배달을 해주었기 때문에 이미 익숙했다. 하지만 코로나 이후 달라진 점은 음식의 종류와 대상이다. 배달앱을 열어보면, 한식부터 양식, 분식, 디저트까지, 차라리 배달 안 되는 것을 찾는 편이 더 빠를 정도다. 유명 레스토랑 등 방문해야만 먹을 수 있었던 음식도 이제는 배달을 해준다. 음식점에 가서 먹는 것보다 배달을 시켜서 먹는 것이 더 빠를 때도 있다. 한국인이 사랑하는 스타벅스도 배달 서비스를 오픈할 만큼, 배달 문화는 변하고 있다. 이러한 현상은 외국에서도 동일하게 나타난다.

자, 그럼, 만약에 코로나가 종식된다면 사람들은 신선 식품 배송이나 배달 서비스를 이용하지 않게 될까? 물론 빈도는 줄어들 수 있겠지만, 필요할 때는 적극적으로 이런 서비스를 이용할 것이라고 생각한다.

코로나는 우리의 업무 환경에도 큰 변화를 가져다주었다. 재택 근무가 일상화되고, 대면 회의는 줌(Zoom), 웹엑스(webex), 구글 미트(Google Meet), 팀즈(Teams) 등 화상 회의 솔루션으로 대체되었다. 필자도 여의도 애널리스트로, 국내 연기금 및 자산 운용사와 은행, 보험사 등의 펀드 매니저를 대상으로 세미나 미팅을 해왔지만, 코로나 이후 많은 미팅은 컨퍼런스 콜과 화상 회의로 대체되었다. 특히, 이전에는 전주에 위치한 국민연금 공단이나 세종시에 위치한 우정사업 본부를 방문하기 위해 KTX를 이용했었지만, 이 또한 오래 전 일이 되었다.

처음에는 이러한 소통 방식이 문제가 많을 것이라고 생각하여 사람들이 쓰지 않을 것이라고 예상했다. 그러나 이제 많은 실무자가 이런 방식에 편리함을 느낀다. 물론 대면 미팅만이 줄 수 있는 특별한 느낌이 있기 때문에, 코로나가 어떻게든 종식된다면 대면 소통이 늘어나긴 하겠지만, 사람들은 미팅 옵션 중에 화상 회의라는 것을 늘 대안으로 생각하고 있을 것이다.

메타버스도 마찬가지다. 아직은 충분히 정교하게 구현되지는 않고 있지만, 대학교 신입생 오리엔테이션을 비롯해 온라인 강의가 이루어지고 있다. 회사에서도 개더 타운(Gather Town)이나, 제페토(zepeto)를 활용하여 회의를 진행한다든지, 채용 설명회, 신입사원 연수 등에 메타버스를 도입하고 있는 경우도 있다. 메타버스를 가장 많이 접하고 있는 세대는 어린 초등학생이나 MZ세대이다. 이들은 제페토나 로블록스의 주 참여층이기도 하다.

그림 3-3 | 메타버스 개념을 제시한 닐 스티븐슨 (자료: 핀터레스트)

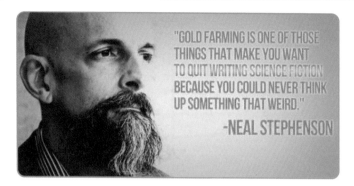

"GOLD FARMING IS ONE OF THOSE THINGS THAT MAKE YOU WANT TO QUIT WRITING SCIENCE FICTION BECAUSE YOU COULD NEVER THINK UP SOMETHING THAT WEIRD."

-NEAL STEPHENSON

메타버스라는 거대한 파도는 우리의 의지와는 상관없이 밀려오고 있다. NFT를 이해하는 데 있어 메타버스는 매우 중요한 키워드이기 때문에 어떻게 접목되는지 살펴보고자 한다.메타버스를 본격적으로 언급하기 전에 상당히 광범위한 그 개념부터 알아보자. 메타버스라는 개념은 1992년 닐 스티븐슨(Neal Stephenson)의 소설 『스노우 크래쉬(Snow Crash)』에서 처음 언급되었다. 작품 속에서는 메타버스의 기술적 근간에 대해서도 상세히 설명되는데, 고글과 이어폰이라는 시청각 출력 장치를 이용해 접근할 수 있는 가상 세계로 규정된다. 기술적 진보가 부족했던 30년 전 쓰여진 소설인 만큼, 고글을 접속기기(VR 등)로 바꾸어 본다면 조금 더 이해가 빠를 것이다.

어쨌거나 현실 세계는 물리 법칙의 한계에 제약을 받지만, 메타버스는 소프트웨어 조각들을 통해 표현되는 그래픽일 뿐이기에 물리 법칙의 한계에 제약받지 않는다는 것이 핵심이다. 그러나 메타버스 속에서

그림 3-4 | 메타버스의 네 가지 범주(자료: ASF)

의 경제적, 사회적 활동은 현실 세계와 흡사한 형태를 띠게 된다. 〈세컨드 라이프〉는 바로 닐 스티븐슨의 소설을 기반으로 제작된 게임이다.

조금 더 현대적인 학문 개념에서 접근해 보겠다. 비영리 기술 연구 단체 ASF(Acceleration Studies Foundation)는 메타버스를 '증강과 시뮬레이션', '내적인 것과 외적인 것'이라는 두 축을 가지고 네 가지 범주로 분류한 바 있다.

1) 증강 현실(Augmented Reality): 인간이 인식하는 현실 공간에서 2D 또는 3D로 표현되는 가상의 물체를 겹쳐 보이게 하면서 상호 작용하는 환경이다. GPS 및 네트워크를 활용한 스마트 팩토리나 차량용 HUD(Head-up Display), 스마트폰 게임 포켓몬고 등이 대표적인 사례이다.

2) 라이프로깅(Lifelogging): 사물과 사람에 대한 일상적인 경험과 정보

를 캡처, 저장, 공유하는 기술이다. 증강 기술을 활용해 사물과 사물에 대한 정보를 기록하는 웨어러블 디바이스나 블랙박스 등에서 볼 수 있는데, 모바일 디바이스의 발달 및 보급으로 일상 생활에서 많이 사용되고 있다.

3) 거울 세계(Mirror Worlds): 실제 세계를 가능한 한 사실적으로 반영하되 정보적으로 확장된 가상 세계를 뜻한다. 구글 어스나 네이버 지도 등 가상 지도 및 가상 모델링 등 지도 기반 서비스가 대표적 사례이다.

4) 가상 세계(Virtual Worlds): 현실과 유사하거나 완전히 다른 대안적 세계를 디지털 데이터로 구축한 것으로 3차원 컴퓨터 그래픽 환경에서 구현되는 커뮤니티를 총칭하는 개념이다. 사용자의 자아가 투영된 아바타 간의 상호 작용이 발생할 수 있는 공간을 말한다.

이처럼 메타버스는 완전히 새로운 개념은 아니지만 생각보다 더 넓은 개념이다. 앞서 설명한 네 가지 범주 중 필자가 중점적으로 성장할 것으로 보는 메타버스는 4번의 가상 세계이며, 그 중에서도 블록체인으로 만들어진 공간이다. 현재 메타버스는 블록체인을 활용한 것과 아닌 것으로 구분되어 있으나, 결국에는 블록체인 기반의 메타버스로 전환될 것으로 예상된다.

Ⓝ 메타버스의 핵심은 경제 생태계

"우리가 왜 메타버스에 접속해야하는 거지?" 이것은 메타버스가 활성화되기에 앞서, 많은 사람들이 던지는 질문일 것이다. 메타버스를 이용하면, 코로나로 만날 수 없던 친구들을 만날 수 있고, 제페토에서 사진을 찍고 놀 수 있으며, 한국이 아닌 미국에 있는 친구도 만날 수 있다. VR 기기를 쓰고, 현실처럼 잘 구현된 가상 세계를 걸어다니며, 방에서도 전 세계를 여행하는 등 대리 만족을 얻을 수 있다는 등의 장점도 있다. 그러나 필자는 사실 이러한 것은 이유가 될 수 없다고 생각한다.

코로나라는 특수한 상황으로 인한 갈등을 해결한다는 점에서 유용하다고 할 수는 있겠으나, 이러한 것은 현실 세계에서도 얼마든지 해소할 수 있다. 그뿐 아니라, 굳이 불편한 VR 헤드셋을 써서 메타버스 세상에 들어가야 할 이유가 어디 있겠는가. 필자도 메타버스 리포트를 작성할 당시, 제페토를 체험하기 위해 애플리케이션을 다운받아 회사 동료들과 그곳에서 놀았었고, 회사 차원에서도 제페토에서의 미팅을 진행했었지만, 지금은 접속하지 않는다. 초등학생들은 이미 메타버스 공간에서 많은 시간을 보내고 있으나, 전 세대의 걸친 확장성을 예상하기는 어렵다. 그렇다면, 현실 세상에서 일어나는 수많은 재미있는 일을 제쳐두고, 우리가 메타버스에 접속해야 할 이유는 어디에 있을까?

필자는 이에 대해 '돈'이라는 대답이 가능하다고 생각한다. 다소 저렴하고 물질만능주의로 비칠만한 표현이기는 하나, 가장 이해하기 편한 단어라고 생각된다. 이 세상이 이러한 물질적인 부분으로만 이루어져 있는 것은 아니지만, 사람이 살아가는 데 있어 돈이라는 것을 빼놓고 이야기한다는 것은 사실 힘든 일이다. 결국, 메타버스는 경제를 이루는 3내 지표인 생산, 소비, 투자가 이루어지는 새로운 세계다. 블록체인으로 만들어진 메타버스에는 코인 경제(economy)가 존재하는데, 사람들은 그곳에 회사를 세우거나 콘텐트를 만드는 등의 투자를 실행하게 되며 다양한 행위를 통해 코인 소득을 올릴 수 있는 것이다.

코인을 얻은 사람은 친구들과 만나서 놀고 세상을 여행하는 등 코인을 소비하며, 투자한 사람들은 투자금을 회수하고 재투자를 한다. 이렇게 하나의 경제 생태계가 만들어진다. 물론 이것이 아직 익숙한 개념은 아니기 때문에, 내가 왜 그곳에 가서 돈을 벌어야 하는가, 하면서 고개를 갸우뚱할 수 있다. 그러나 대부분의 사람이 몇 년 사이 주변에서 비슷한 사례를 경험했을 것이라고 생각한다. 바로 유튜브를 통해서 말이다. 유튜브는 우리의 삶의 패턴을 크게 바꾸었다. 유튜브가 막 생겨난 초창기에는 쉽게 유튜브에 콘텐트를 만들어야겠다는 생각을 쉽게 하지 못했다. 공식적인 것은 아니며 국가, 주제 등 다양한 변수에 따라 다르지만, 영상 조회수 당 1원의 수익을 올릴 뿐이라는 자조 섞인 후기들이 많이 올라오곤 했었다.

사람들이 힘들게 일하고 퇴근한 다음 영상을 찍고 편집해야 하는 것은 비효율적이며, 내가 직장에서 열심히 일해서 근로 소득을 올리는 게 더 효율적이라고 생각했을 것이다. 그런데, 시간이 지나자 이를 시작했던 주변 동료가 몇십만 명의 구독자를 갖게 되고, 직장에서의 근로 소득보다 유튜브로 버는 수익이 더 많아지자 회사를 그만두고, 유튜버로 전향하는 사례가 생겨났다. 과거에는 직장을 포기한다는 행위

자체가 무모한 일로 받아들여졌지만, 지금은 전혀 그렇지 않다. 모두가 부러워하며, 더 많은 돈을 벌 수 있는 길을 찾아 떠난다.

메타버스도 마찬가지이다. 메타버스 공간에서는 돈을 벌 수 있는 방법이 무궁무진하다. 'Play to Earn', 이것이 대표적인 일례가 될 것이다. 이제는 현실에서처럼 책상에 앉아야만 일이 되는 게 아니다. 게임을 즐겁게 하면서도 돈을 벌 수 있는 것이다. 메타버스에 사는 사람들을 위한 재화를 만드는 3D 크리에이터도 새로운 직업이 될 수 있으며, 예치(staking)나 대출(lending) 등 자본 투자를 통해 생태계 활성화에 기여함에 따라 보상을 수취할 수도 있다. 초창기에는 생태계 자체가 크지 않기 때문에 수익 규모도 크지 않을 것이며, 소비도 크지 않기 때문에 기껏해야 부수입 정도의 개념이 되겠으나, 점차 유저들이 유입되면서 수익도 덩달아 커지게 될 것이다. 게다가 단순히 하나의 메타버스에서만이 아닌 여러 가지 메타버스에서 돈을 벌 수 있을 것이다.

다만, 사람이 쓸 수 있는 시간은 24시간이기 때문에 잘 분배해야 할 것이다. 어느 순간에는 현실 세상의 직장에서 로그아웃을 하고, 메타버스에 로그인을 해야 할 수도 있다. 물론 극단적인 예시가 될 수 있겠지만, 앞으로 이러한 구조가 가능할 것으로 예상한다. 이렇게 생산 기반이 다져지면, 소비와 투자도 자연스럽게 성장할 것이다.

탄탄한 생산 활동이 이루어진 세상에서 확장될 메타버스 내 소비 영역은 무궁무진한 상상력을 가져온다. 이 거대한 소비 시장이 열린다는 것은 기업들이 충분히 군침을 흘릴만한 일이며, 현실 세계에서 입지를 다진 회사들도 물론일 것이다. 이에 따라, 새롭게 열리는 세상을 선점하기 위한 기업 간의 경쟁은 더욱 참신한 콘텐트를 생산해낼 것이다. 소비에서 큰 비중을 차지하는 것이 엔터테인먼트가 될 것이며, 많은 유저를 유입시키는 계기가 될 것이다.

단기적으로 가장 즉각적인 반응을 보이게 될 부분은 카지노와 같은 사행성 산업이 될 것이다. 암호화폐의 거래에 있어서도 현물 거래보다는 레버리지 매매가 가능한 선물매매 시장의 영향이 큰 것처럼, 사행성 산업의 높은 자극에 유저들이 모여들 것이다. 그 다음으로, 미술품 NFT나 PFP NFT와 같이 기존 유저들이 이미 가지고 있는 것을 전시하는 미술관이나, 이것을 매매할 수 있는 공간이 빠르게 만들어질 것으로 예상된다.

항간에 NFT를 한 번도 사보지 않은 사람은 있어도 1개만 산 사람은 없다는 말이 있다. 그정도로 NFT는 사람들을 빠져들게 하는 매력이 있으며, NFT를 구매한 사람은 여러 개의 NFT를 갖고 있는 경우가 대부분이다. 그리고 NFT 구매자들은 이를 전시하고 싶어한다. 따라서 현실과는 다르게 넓게 설정되어 있는 메타버스의 공간을 활용하여 전시회를 기획해볼 수도 있을 것이다. 현실에서는 개인 갤러리를 열 수 없지만, 메타버스 공간에서는 내가 가치 있는 작품을 소장하고 있다면, 사람들에게 입장료를 받거나 작품을 판매하는 등 다양하게 수익을 창출할 수 있을 것이다.

그런데, 장기적으로 메타버스가 활성화되기 위해서는 현실의 엔터테인먼트적 요소를 가져와야 한다. 리오프닝(Re-Opening)과 메타버스가 주도했던 2021년 주식 시장에서 가장 관심이 높았던 섹터는 단연 팬덤을 중심으로 한 엔터 업종과 영화, 드라마 등 K-콘텐트를 중심으로 한 미디어 콘텐트 업종이었다. 메타버스의 재화로 활용되는 NFT의 거래 비중을 살펴보면, 컬렉터블(Collectible) NFT가 76퍼센트를 차지할 만큼 크다. 사람들이 소장 가치가 있는 NFT를 수집한다는 것과 엔터 산업의 성장 요소였던 팬덤 소비는 유사한 측면이 많다.

스트리밍 시장이 성장하고 있음에도 불구하고, 팬덤 규모를 간접적으로 알 수 있는 아티스트의 연간 음반 판매량은 매년 꾸준히 증가했다. 특히, 매년 30퍼센트 이상의 판매량 증가세가 나타나고 있는 것은 놀라운 일이다. 아티스트 시장뿐만 아니라, 아프리카TV, 유튜브 등의 인터넷 방송을 하는 BJ와 유튜버에 대한 팬덤 소비도 가파른 성장세를 보이고 있다. 아프리카TV의 별풍선 매출은 매년 20퍼센트 이상 증가하고 있으며, 콘텐트 자체보다는 콘텐트를 제공하는 인플루언서에 대한 충성도가 높은 것이 특징이다. 이러한 팬덤 소비가 엔터테인먼트 및 미디어 산업을 성장시켰기 때문에, 이와 유사한 특성을 가지는 NFT와 메타버스에 그런 산업이 접목될 경우 성공할 가능성이 매우 높아진다. 메타버스 공간은 이들의 거대한 놀이터가 될 수 있으며 팬들을 위한 콘서트, 팬 미팅, 팬 사인회 등을 개최함으로써 새로운 경험을 제공할 수 있을 것으로 보인다.

메타버스는 가상 공간이기 때문에, 메타버스라는 새로운 환경에는

그림 3-5 | 한국 최초의 사이버 가수 아담

새로운 인물이 존재할 수 있다. 가상 인간(Virtual Human)이라고 불리는 것이 그것이다. 우리나라 사람들에게 알려진 가상 인간은 1998년으로 거슬러 올라간다. 1998년 1월, 한국 최초의 사이버 가수 아담이 데뷔하면서 엄청난 센세이션을 일으켰고 큰 인기를 얻었었다. 당시에는 실존 가수의 얼굴을 공개하지 않고, 3D 그래픽으로만 마케팅이 되었으며 사이버의 느낌이 강한 가상 인물이었다.

　그 이후로 20여 년이 지난 지금, SNS의 발달과 기술 진보로 실제 사람과 구분되지 않을 정도로 정교한 가상 인간 시대가 열렸다. 가상 인간인 릴 미켈라(Lil Miquela)는 전 세계에서 가장 유명한 인플루언서로 300만 명 이상의 SNS 팔로워를 보유하고 있는데, 한 해 동안 벌어들인 수익은 무려 1,170만 달러(약 132억 원, 2019년 기준)에 달한다. 국내에서도 이제는 많은 버추얼 휴먼을 볼 수 있다. 가상 인플루언서 '로지'는 보험사 광고에 이어 자동차, 골프복, 패션 브랜드 등의 광고 모델을 맡아 연간 15

그림 3-6 | 진짜 사람과 구분하기 어려워진 버츄얼 휴먼들

억 원 수준의 광고 수익을 냈다. 홈쇼핑에서도 가상 인간 '루시'가 모델로 데뷔해 쇼호스트로 활동하며, '리아'도 라이브 커머스 스트리밍 방송을 통해 상품을 판매하기도 했다.

음악 시장에도 가상 걸그룹이 등장했다. 이터니티(Eternity)는 딥 리얼 AI 기술을 통해 탄생한 11인조 가상 걸그룹으로 2021년 3월 정식 데뷔했으며, 데뷔곡인 뮤직비디오 'I'm Real'은 100만 회의 조회수를 기록했고 8월 발표한 뮤직비디오 'No Filter'는 228만 회의 조회수 기록하고 있다. 이터니티는 5인 유닛 또는 솔로 등으로 다양하게 활동 중이며 이터니티 멤버인 '오사랑'이 참여한 NFT 작품은 한화로 약 2천만 원에 판매되기도 했다.

한편, 진짜 아이돌 그룹에 가상 인물이 결합되기도 한다. SM엔터테인먼트의 æ-에스파는 가상 세계에 존재하는 에스파의 또 다른 자아로 시간과 공간의 제약을 받지 않기 때문에 에스파 멤버가 활동하지 못하는 영역에서도 활동이 가능하다는 장점이 있다. 또한, 해외에서는 메타버스를 시대를 겨냥해 아바타 오디션 프로그램이 방영되기도 했다.

'Alter Ego'는 2021년 9월부터 미국 Fox에서 제작, 방영한 음악 경연 프로그램으로 20명의 참가자는 모두 본인을 대체하는 디지털 아바타였다. 참가자가 무대 뒤에서 노래하면 모션 캡처 기술을 통해 관객과 심사위원 앞에 그의 아바타가 퍼포먼스를 그대로 선보이게 되며, 참가자가 통과하거나 탈락해도 심사위원과 관객은 실제 참가자를 볼 수 없다. 미국판 복면가왕의 인기에 힘입어 제작되었으나 생각보다 방송에

그림 3-7 | 디지털 아바타가 참여한 음악 경연 프로그램 (자료: Fox)

대한 반응이 좋진 않았다. 하지만 세계 최초의 아바타 노래 경연 프로그램으로 중동, 러시아, 우크라이나, 그리스로 판권이 수출되며 화제성을 입증했고, TV 채널이 가상현실과 메타버스 같은 개념을 공식적으로 다뤘다는 점에서 의의가 있다고 할 수 있다.

중국 아이치이(IQIYI)에서 방영된 '디멘션 노바(Dimension Nova)'는 중국 최초의 가상 아이돌 오디션 프로그램이다. 150명이 넘는 가상 아이돌 후보자를 대상으로 오디션을 진행해 30명을 선발하고, 2개월이 넘는 기간 동안 치열한 경쟁을 통해 최종 3인을 선발한다. 심사위원은 모니터를 통해 버추얼 참가자를 보고, 캐릭터는 무대 뒤 사람들의 움직임을 실시간으로 모션 캡쳐해 심사위원과 소통한다는 점에서 'Alter Ego'와 비슷하다.

'디멘션 노바'는 웨이보에서 관련 화제 조회수가 12억 회에 이를 정도로 폭발적인 인기를 얻었고, 아이치이 시청자 수도 3.9억 명을 초과할 정도였다. 이런 현상을 통해, 가상 인간에 대한 사람들의 거부감이 그렇게 크지 않다는 것을 알 수 있다.

가상 인간 시장이 이처럼 급속도로 커지는 것은 왜일까? 가상 인간이 광고하는 제품이나 서비스를 현실의 팬들이 보기도 하고 구매하기도 하며, 이들을 실제 사람과 동일하게 인식하기 시작했기 때문이다. 더 나아가 이들은 앨범을 내거나 자체 브랜드를 론칭해 활발하게 본인의 커리어를 확장시키고 있다. 가상 인간은 실존하지만 않을 뿐, 현실과 가상의 경계를 넘나들며 인간이 살아가는 모든 삶을 누리고 있는 것이다. Z세대는 가상 공간에서 또 다른 자아를 형성해 현실 세계에서 이루지 못했던 꿈들을 펼쳐나간다. 메타버스 플랫폼이 Z세대를 중심으로 급부상하게 된 이유도 같은 맥락이라고 생각한다.

정교하게 구현된 메타버스가 아직은 존재하지 않기 때문에, 생산과 소비는 상상의 영역이며 수많은 기업이 개척하고 있는 부분이기도 하다. 그러나 투자의 영역은 다르다. 이미 메타버스의 미래 성장을 바라보고, 많은 유동성이 미완의 메타버스에 투자되고 있는 상황이다.

주식 투자를 포함한 현실 세계의 투자는 시장의 수요를 예측하고, 혁신적인 상품을 만드는 회사를 찾아 투자하는 것이며 이 기업의 성장 혹은 배당을 통해 자본 이익을 수취하는 것이다. 메타버스 세계에서도 이러한 투자는 유효하겠으나, 아무것도 만들어지지 않은 허허벌판에서는 막막한 일이다. 메타버스 세계에 대한 투자는 이제 시작이다. 그래서 사람들은 땅을 사 모으고 있다. 기업이든 사람이든 무언가를 하기 위해 필요한 것은 땅이며, 유저가 많을 것으로 예상되는 메타버스 플랫폼에서 필수적으로 필요한 가상 부동산에 자금이 집중되고 있다.

대표적인 메타버스 플랫폼인 디센트럴랜드와 더샌드박스의 지난 1개월간 가상 부동산 거래액은 각각 9,996ETH(약 3,000만 달러), 17,158ETH(약 5,100만 달러)에 달한다. 특히, 2021년 11월 더샌드박스의 알파테스트 오픈을 앞두고 메타버스에 대한 관심이 집중되면서 한 달 간 메타버스 관련 NFT의 거래 대금은 2억 달러를 기록하기도 했다. 가장 저렴한 땅 한 필지의 가격이 천만 원을 호가하고 있으며, 위치가 좋은 땅은 1억 원을 넘는 경우도 많다. 조물주 위에 건물주라는 우스갯소리는 메타버스에서도 이어지고 있다.

ⓝ 메타버스 시대를 선점하는 가상 부동산 NFT

디센트럴랜드(Decentraland)는 2015년 설립되어 2020년 2월 정식 오픈한 블록체인 기반 메타버스 플랫폼이다. 탐색, 생성, 게임 플레이, 웨어러블 수집, 창작물 수익화, 토지 플롯 활용, 3D 건축 기술을 메타버스 내에서 활용할 수 있다. 이름에서도 알 수 있듯이, 가장 중요한 자산은 메타버스 내 토지(Land)인데, 디센트럴랜드의 토지는 x, y좌표로 식별되는 오직 90,601개만 발행된 NFT 가상 부동산이다.

토지 한 개는 16m x 16m의 크기로, 이용자가 직접 랜드를 소유하고 원하는 대로 꾸밀 수 있다. 디센트럴랜드의 지도를 보면, 하늘색으로 구분된 지역 또는 지구(Districts)가 존재하는데 카지노(Vegas City), 사이버펑크(Aetherian project), 쇼핑(Fashion Street), 교육(University), 게임(Bettleground), 성인(Red Light District), 음악, 비즈니스(Conference Center), 중국(Dragon City) 등 콘텐트에 따라서 구분이 되어 있다. 이것들은 특화 지역으로 각 구역별 커뮤니티를 관리함으로써 응집력 있는 사용자 경험을 만들기 위한 목적을 가지고 있다. 디센트럴랜드는 가장 먼저 대중에게 공개된 블록체인 메타버스 선두 주자이기 때문에, 이미 많은 기업과 경제 활동이 이루어지고 있기도 하다.

그림 3-8 | 디센트럴랜드의 다양한 활동 분야

경매	세계적인 경매 업체 소더비가 영국에 위치한 소더비 본사와 동일한 건물을 디센트럴랜드 토지를 구입한 후 내부에 재현. 11월 18일 디센트럴랜드 헤드쿼터에서 개최 예정인 가상 전시회에서 이더리움을 사용한 실시간 입찰을 지원한다고 밝힘
카지노	미국 게임업체 ATARI가 21년 3월 카지노 출시. 카지노에서 알바를 NPC가 아닌 실제 유저가 디센트럴랜드로 출근
도미노 피자	디센트럴랜드 안에서 도미노피자를 주문하면, 실제 집에서 도미노 피자가 주문
쇼핑센터	Boston protocol이 6월 가상 쇼핑센터 설립. 실제 상점과 연결되어 있으며, NFT로 상품을 변환해서 판매
부동산 투자	디지털 부동산 개발 기업인 Republic Realm이 약 913,000달러로 디센트럴랜드 토지 NFT 구매해 가상 부동산 투자에 나섬
클럽 Dragon City	이비자 클럽 개장 중국 문화 홍보
크라켄본사	크라켄본사
멘체스터시티	굿즈판매
바베이도스	바베이도스 외교통상부가 디센트럴랜드와 디지털 대사관 설립을 위한 협약을 체결
콘퍼런스	암호화 콘퍼런스 Coinfest가 디센트럴랜드 가상공간에서 개최
콘서트	지난 7월 가상 뮤직 페스티벌 the moon 개최됨

디센트럴랜드는 블록체인을 기반으로 만들어진 메타버스이기 때문에, MANA라고 하는 토큰이 이 세계의 화폐로 사용된다. 기본적으로 앞서 언급한 토지를 구매하기 위해서는 반드시 MANA 토큰을 사용해야 하며(오픈씨에서는 ETH로도 구매 가능), 메타버스 내 활동을 위한 패션과 같은 굿즈를 구매할 때도 MANA 토큰이 사용된다.

이러한 프로젝트나 많은 경제 활동의 기반이 되는 것이 땅이기 때문에, 토지의 가격은 메타버스의 활성화 정도에 맞추어 우상향을 보이고 있다. 토지를 가지고 있으면 다양한 루트로 이익을 얻을 수 있는데, 가장 기본적인 것은 사람들이 많이 방문할 수 있는 사업을 직접 하는 것이다. 디센트럴랜드는 기본적으로 탈중앙화(Decentral)이기 때문에 자체 콘텐트 이외에도 다양한 기업 및 개인이 메타버스를 꾸밀 수 있다.

가장 활성화되어 있는 공간은 Vegas City인데, 여기에는 Decentral Games가 운영하는 카지노가 있다. 잘 만들어진 카지노장에는 사람들이 와서 돈을 쓰고 가며, 사업장은 운영 수익을 얻을 수 있다. 이곳에서는 MANA 토큰뿐만 아니라, DAI, ATRI 등 다양한 토큰이 활용되고 있다. 그런데 만약 사업을 이런 식으로 직접 하기가 어렵다면, 토지를 임대할 수도 있다. 사업을 하고 싶어 하는 이에게 나의 땅을 빌려주고 그 대가로 월세 혹은 이용료를 받는 것이다. 높은 임대료를 받으려면 당연히 수요가 높은 땅을 사야 할 것이다.

디센트럴랜드 가상 공간이라고 하지만 엄연히 상권이라는 것이 존재한다. 오픈 월드 방식이어서 특정 목적지를 향해 가는 동안 주변에 있는 다른 건물들을 보면서 가게 된다. 지도를 통한 순간 이동과 걸어서 도보로 이동하는 방식이 존재하는데, 보통은 근처로 이동한 후 걸어가기 때문에 인기 있는 땅 주위의 광고 효과는 상당히 높다. 현실 세계의 경우 특정 건물에 스타벅스가 입점하면 주변 상가의 가격이 오르는 것과 마찬가지다.

또한, 광장(Plaza)은 사람들이 접속한 후 모이는 곳으로 인파가 가장 많다. 그래서 광장에 가까우면 가까울수록 랜드 가격은 기하급수적으로 상승한다. 현실에서 지하철 역세권에 위치할수록 가격이 높아지는 것과 같다. 부동산을 선택함에 있어서 반드시 고려해야 할 것이 입지인데, 거주 주택이 아닌 상업 시설의 경우 그 중요성은 더 높다. 현재 디센트럴랜드의 토지 최저 가격은 4.5ETH로 가장 상권이 좋지 않다고 평가되는 곳도 1,600만 원에 달한다.

이것은 적은 돈이 아니다. 2021년 12월에 거래된 (-12,3) 토지는 22만 달러에 팔렸으며, 여러 개의 필지를 한꺼번에 거래한 (-102, -15,5) 토지는 241만 달러에 판매되었다. 만약 디센트럴랜드의 땅 투자에 관심이 있다면, 꼭 메타버스 공간에 접속해 보기를 권한다. 싸게 사서 싸게 팔 것이라면 상관없지만, 디센트럴랜드는 접속이 가능한 만큼 현장 임장을 통해서 내가 사려고 하는 땅이 좋은 땅인지, 아무도 찾지 않는 땅인지 반드시 확인할 필요가 있다. 위치가 좋은 땅은 한 필지도 수십만 달러에 팔리기 때문에, 임장을 통해 아직 발전되지 않은 숨은 보석과 같은 땅을 찾아보는 것도 재미가 아닐까 생각한다.

최근 관심이 고조되고 있는 메타버스 프로젝트는 더샌드박스(The Sandbox)이다. 더샌드박스는 디센트럴랜드와는 달리 게임이 중심이 되는 메타버스다. 이곳은 마인크래프트처럼 2차원적 픽셀을 3차원 형태로 구현한 복셀 그래픽으로 만들어 있기 때문에, 메타버스 공간 및 아이템을 개발하는 것이 상대적으로 수월하다. 즉, 블록체인 생태계에서 복셀 자산과 게임 경험을 통해 수익을 창출할 수 있는 P2E 메타버스 플랫폼인 것이다.

한 플레이어가 수집한 자원을 다른 플레이어나 크리에이터가 거래하면서 수요와 공급이 있는 순환 경제를 만들고, 모든 참여자에게 보상을 주는 토큰 생태계를 갖고 있다(더샌드박스는 샌드[SAND]토큰을 이 세계의 화폐로 사용하고 있다). 또한, MZ세대 및 어린 아이들의 참여로 만들어진 로블록스나 마인크래프트처럼 사용자 입장에서 부담 없이 참여할 수 있다는 장점이 있다. 더샌드박스는 아직 알파 테스트까지만 진행된 프로젝트로, 토지 세일을 통해 땅만 먼저 판매하고 있는 상황이다.

더샌드박스의 토지는 총 166,464개로 한정된 자산이며, 땅 한 개의 크기는 96mX96m로 설정되어 있다. 3X3 이상의 땅부터는 Land가 아닌 ESTATE라고 부르고 있으며, ESTATE 이상의 크기부터는 소유자가 원하는 이미지를 지도상에 표시할 수 있다. 본인을 나타내는 PFP NFT 이미지나, 광고의 용도로 쓰이기도 한다. 랜드를 보유하고 있다면, 땅에 내가 직접 로블록스나 마인크래프트처럼 게임을 창작해서 사람들에게 선보일 수 있으며 크리에이터에게 땅을 임대하여 임대 소득을 올

그림 3-9 | 글로벌 & 대한민국 "NFT" 구글 검색량 추이

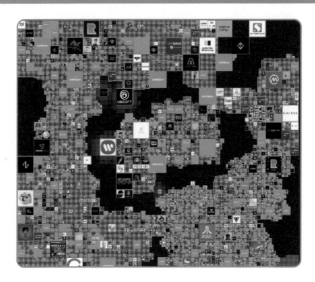

릴 수도 있다. 더샌드박스 토지에는 샌드토큰을 예치할 수 있으며, 그에 대한 보상으로 젬(Gems) 토큰을 받을 수 있다. 젬 토큰은 샌드 토큰으로 바꾸어 돈을 벌거나, 내 캐릭터의 능력치(힘[Power], 방어[Defense], 스피드[Speed], 마법[Magic], 운[Luck])를 강화하여 게임을 즐길 수 있게 설계되어 있다.

더샌드박스의 가장 큰 강점은 많은 기업 혹은 셀럽과 제휴를 맺고 자신들의 메타버스 세계를 빠르게 확장하는 전략에 있다. 한국인에게 익숙한 네이버 제페토와 뽀로로도 샌드박스와의 파트너십을 통해 땅을 소유하고 있다. 이외에도 워킹데드, 스머프, 아타리, 롤러코스터 타이쿤, 스눕독, 바이낸스, 코인마켓캡, 사이버 콩즈 등 유명 기업들과 블록체인 프로젝트까지도 샌드박스 속으로 들어오고 있다.

메타버스에서 가장 중요한 것이 많은 유저를 확보해야 된다는 점인데, 많은 파트너십을 통해 함께 생태계를 조성해 나간다는 것은 향후에 뭐가 돼도 될 수 있다는 기대감을 주기도 한다. 덩달아 더샌드박스의 기업 가치도 상승하고 있다. 2021년 11월에는 소프트뱅크 비전펀드2가 주도하는 9,300만 달러(약 1,100억 원) 규모의 시리즈B 투자를 유치했으며, 여기에 삼성넥스트와 LG테크놀로지벤처스, 컴투스 등 국내 기업과 리버티 시티 벤처스, 갤럭시 인터랙티브 등 글로벌 기업도 다수 참여했다.

더샌드박스의 토지 가격은 반년 전까지만 하더라도 0.5ETH 이하에서 거래 가격이 형성되었다. 왜냐하면, 더샌드박스가 여전히 메타버스 및 게임을 개발하고 있는 단계의 프로젝트이며, 아직 정식 오픈을 하지 않아 게임을 즐길 수 없었기 때문이다. 현재 16만여 개의 토지 중 65퍼센트만 판매되었으며, 나머지는 개발 진행 및 파트너십 형성에 따라서 차근차근 판매될 예정이다.

처음에는 사람들이 여기서 어떤 게임을 할 수 있는지, 내가 가진 땅에 무엇을 할 수 있는지가 불명확했기 때문에 디센트럴랜드의 토지 가격과 큰 차이를 보여왔다. 하지만 2021년 11월 더샌드박스가 토지 보유자들을 대상으로 일부 서비스를 공개하는 알파 시즌을 시작하겠다고 밝히면서, 더샌드박스에 대한 수요는 폭발하기 시작했다. 한 달 동안 10배 가까이 토지 가격이 상승하면서 최저 가격은 3ETH을 넘어서기도 했다.

그림 3-10 | 메타버스 오픈을 앞둔 랜드 가격의 급등 (자료: Dune Analytics)

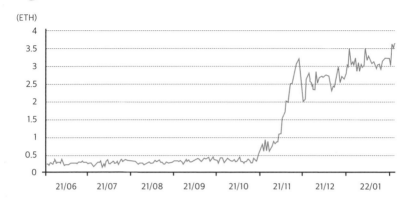

현재는 3.5ETH 수준에서 거래가 이루어지고 있는데, 이 분야에서
대장이라고 할 수 있는 디센트럴랜드와의 가격 차를 점차 좁히고 있
다. 더샌드박스 게임 내 기축 통화인 샌드 토큰의 가격도 1,000원에서
10,000원 이상까지 상승하는 모습을 보였다. 실제 플레이에 대한 기대
감이 한 번에 반영된 것으로 볼 수 있다. 알파 시즌 오픈 이후 샌드토큰
은 가격 조정을 보이고 있으나, 토지의 가격은 견조하게 유지되고 있
다. 향후 더샌드박스의 개발 상황과 정식 서비스 시점에 토지 가격이
어떻게 될지를 지켜보는 것도 재미있는 관전 포인트가 될 것이다.

매트릭스 월드(Matrix World)는 앞의 두 프로젝트보다는 늦게 시작된 프
로젝트로 초기 토지 세일을 통해 자금을 확보했다. 특이한 점은, 서로
다른 블록체인에서 동시에 실행되는 메타버스라는 것이며 이더리움과
플로우(Flow) 블록체인에서 각각 토지가 NFT로 발행되었다. 매트릭스

그림 3-11 | 여러 블록체인에서 실행되는 매트릭스 월드 (자료: Matrix World)

월드는 제시된 로드맵을 바탕으로 개발을 진행하고 있으며, 더샌드박스와 같이 지도 상에 토지를 소유하고 있음을 나타내는 임의의 이미지를 게시할 수 있다.

또한, 메타버스 데모 아바타 및 데모 공간을 출시할 예정이며, 데모 공간에는 매트릭스 월드 본사, 매트릭스 월드의 뮤지엄 퍼블릭 갤러리 등이 오픈된다. 아직은 극초기 단계의 프로젝트이기 때문에 실제 어떤 식으로 메타버스가 구축되는지 확인해 볼 필요가 있다. 토지는 총 1만 개로 상대적으로 적은 수가 발행되며, 이더리움 블록체인에서 5,000개, 플로우 블록체인에서 5,000개가 발행된다. 이더리움 체인 토지의 초기 판매 가격은 0.2ETH였으나, 현재 최저 가격은 1.3ETH 수준에서 거래되고 있다.

앞서 언급한 3개의 프로젝트는 모두 이더리움 기반의 메타버스인데, 메트릭스 월드는 이더리움과 플로우 블록체인을 사용했기 때문에 다른 블록체인보다 오랜 개발 기간이 필요했다. 그러나 이 때문에 상대적으로 많은 자금이 모여있기도 하다. 디파이와 NFT 시장의 활성화로 이더리움 외에도 다른 프로젝트로 자금이 들어가기 시작했으며, 시장의 높은 수요는 새로운 메타버스 프로젝트가 만들어질 수 있는 환경을 조성했다.

테라(Terra) 블록체인의 테라 월드(TerraWorld)는 디지털 환경에서 비즈니스를 할 수 있는 메타버스 공간이다. 테라 월드는 사용자에게 가상 사무실을 제공하고, 비즈니스 기능을 탑재한 플랫폼이다. 이 공간에서 구

| 그림 3-12 | 테라 블록체인의 메타버스인 테라 월드 (자료: Terra World)

직과 자금 조달, 창업 등 다양한 활동을 할 수 있는 것이 특징이다. 블록체인인 만큼 메타버스 활성화에 따라 TWD코인을 획득할 수 있으며, 더 많은 시간을 소비할 수 있도록 경제 시스템을 구축하는 것을 목표로 하고 있다.

디비전(Dvision) 네트워크는 이더리움과 바이낸스 스마트 체인을 기반으로 구축된 멀티 체인 메타버스 플랫폼으로, 메타버스의 토지(Meta-City)를 활용하여 게임, 학술, 상업, 엔터테인먼트 콘텐츠를 제공한다. 특히, 박람회 및 게임 등 사용자가 손쉽게 메타버스 콘텐츠를 경험할 수 있도록 웹을 기반으로 하고 있으며, 실시간 스트리밍 3D VR 메타버스를 지원하고 있다. 실제로 디비전은 2021년 8월, 국회에서 열린 '가상자산 법제화 개선 방안' 토론회를 메타버스로 구현했으며, 바이낸스 생태계 파트너와의 이벤트 등 대규모 행사를 개최하기도 했다. 디비전 토지는 20만 필지가 존재하며, 이는 서울, 맨해튼 등 20개의 메타시티로 구성되어 있다.

제프(JEFF)는 다날의 새로운 성장축을 담당하고 있는 메타버스다. 제프는 블록체인을 기반으로 한 메타버스로, 결제 시스템에 강점을 가지고 있는 다날의 기술력과 기존 결제 시장의 문제점을 블록체인 기술을 활용해 해결한 암호 화폐 페이코인을 활용할 수 있다. 오프라인에서 실제 결제가 가능한 다수의 가맹점 인프라를 바탕으로 커머스와 금융 서비스, 엔터테인먼트, 커뮤니티를 메타버스로 구현한 것이 기존 메타버스와의 차별점이라고 할 수 있다.

또한, JEFF 메타버스는 유니티 엔진으로 설계되어 유저들의 몰입감을 높여주고, 오프라인 가맹점의 메타버스 입점을 통해 메타버스 공간에서만 경제가 돌아가는 것이 아니라, 메타버스가 실생활로 연결됨을 보여준다. 이는 페이코인이 "코인을 바로 쓰다"라는 슬로건 하에, 다양한 온오프라인 가맹점에서 쉽고 바로 결제가 가능한 블록체인 시스템을 구축하고 있기에 가능하다. 페이코인 가입자는 2021년 250만 명을 돌파했으며, 전국 10만 개 이상의 페이코인 제휴 가맹점을 확보하고 있다. 따라서 앞으로 소비뿐만 아니라, 엔터테인먼트와 학습, 게임, 커뮤니티 등 사용자에게 새로운 메타버스 경험을 줄 수 있을 것으로 예상된다.

이처럼 Web 3.0 시대에 맞는 탈중앙화된 새로운 블록체인 기반 플랫폼들이 등장하고 있다. 향후 5년간은 이러한 메타버스 플랫폼 간 경

그림 3-13 | 바이낸스 블록체인의 메타버스인 디비전 (자료: Division)

쟁 및 사업 확장이 일어나는 격동기가 될 것이다.

ⓝ 메타버스 플랫폼을 선점하기 위한 기업들의 공격적 행보

한편 기업들도 빠르게 열리고 있는 메타버스 시대를 선점하기 위해 적극적인 행보를 보이고 있다. 기업들의 메타버스는 아직은 블록체인을 본격적으로 사용하기보다는 단순히 유저를 모을 수 있는 플랫폼 형태인 경우가 많다. 하지만 시간이 지나면서 블록체인과의 연결성은 높이질 것으로 예상되며 현실 세계와 마찬가지로 사람들이 소비하고 싶어하는 물건(IP기반NFT)이 시장(플랫폼)을 먼저 구축할 것이라고 생각한다. 페이스북이 사명을 메타(META)로 바꿨다는 점도 이러한 자연스러운 흐름을 대변해주는 것이라고 생각한다. 이번 챕터에서는 기업들의 메타버스 진행 상황에 대해 서술하고자 한다.

2021년 글로벌 주식 시장에서 메타버스라는 단어를 전파시켰던 기업은 바로 로블록스(RBLX.US)였다. 로블록스는 사용자가 직접 게임을 프로그래밍하고, 다른 사용자가 만든 게임을 즐길 수 있는 플랫폼이다. 사실 로블록스의 전신은 날리지 레볼루션(Knowledge Revolution)이라는 회사로, 2D 실험실을 제공하던 곳이 시뮬레이션 모델링으로 진화하며 현재의 로블록스로 자리잡게 되었다. 로블록스는 블록으로 구성된 3D 가상 세계에서 아바타로 구현된 개인들이 소통하며 노는 공간인데, 현재 로블록스는 미국 청소년들을 점령한 대표적인 플랫폼으로 자리매

그림 3-14 │ 세계 최대의 유저를 지닌 메타버스인 로블록스 (자료: Roblox)

김했다.

미국 Z세대의 55퍼센트가 로블록스에 가입했으며, 누적 플레이 타임이 무려 306억 시간, 월간 활성 이용자는 1.5억 명에 달한다. 로블록스는 직접 사용자가 간단한 코딩을 통해 게임을 제작할 수 있는데, 현재 4천만 개 이상의 게임이 올라와 있다. 그 종류는 어드벤처, 역할 놀이, 액션 슈팅 등 다양한 장르이며, 많은 사용자가 다양한 게임을 즐기기 위해 게임을 플레이하고 있다.

로블록스가 다른 플랫폼과 차별화되는 점은 로벅스(Robux)라는 가상 화폐를 통해 경제 활동이 가능하다는 점이다. 사용자는 서비스를 이용하기 위해 가상 화폐인 로벅스를 구입하거나 로벅스 프리미엄이라는 구독 서비스를 이용해야만 한다. 즉, 아직까지 광고가 주요 수입원인 다른 플랫폼에 비해 비즈니스 모델이 확실하게 구축되어 있는 것이다.

로벅스로 각종 아이템이나 감정 표현을 구매할 수 있는데, 반대로 본인이 만든 게임의 게임 패스가 판매되거나 패션 아이템이 판매되면 로벅스를 벌 수도 있다.

현재 100로벅스가 약 1.2달러 정도인데, 개발자는 100로벅스 당 35센트의 수익 배분을 받는다. 회사에 따르면, 로블록스에서의 생산 활동을 통해 125만 명의 크리에이터가 작년 3.3억 달러를 벌었으며, 이 중 1,200명의 탑(top) 크리에이터는 1만 달러 이상을 벌어들인 것으로 파악된다. Z세대는 로블록스 플랫폼을 온라인 놀이터로 활용할 뿐 아니라 현실 세계와 동일하게 경제 활동을 영위하는 또 다른 사회로 인식한다. 놀면서 돈도 벌 수 있으니 Z세대가 푹 빠져들만하지 않은가.

포트나이트는 아바타를 조종해서 상대방과 싸우는 배틀로열 게임이다. 글로벌 이용자 수가 3.5억 명에 달하며 미국 Z세대 40퍼센트가 매주 한 번 이상은 꼭 접속하고, 전체 여가 시간의 25퍼센트를 사용할 정도로 특히 미국에서 인기가 높다. 이런 포트나이트도 메타버스의 장으로 떠오르게 되었는데, 그 이유는 싸움 없이 친목을 다질 수 있는 가상 공간인 파티 로열모드 때문이다. 이 모드에서 Z세대들은 아바타로 또래들과 소통을 하며 현실과 가상의 경계를 무너뜨리고 있다.

여기서 트래비스 스캇(Travis Scott)이라는 미국 유명 래퍼가 온라인 콘서트를 개최하기도 했는데 동시 접속자가 무려 1,230만 명이었고, 게임 속 굿즈 판매로 2,000만 달러가 넘는 수익을 창출했다. 보통 스타디움의 평균 수용 인원이 4만 명 전후에 그치는 것에 비하면 어마어마한

그림 3-15 | 게임의 장을 메타버스로 옮겨준 포트나이트 (자료: Fortnite)

수치인데, 의미 있는 점은 포트나이트가 Z세대 1,230만 명을 한 곳에 모으는 플랫폼의 역할을 했다는 점이다. 콘서트 이후 트래비스 스캇의 음원 이용률은 25퍼센트 이상 상승했고, 그의 아바타가 신고 있었던 나이키 신발은 1천 명 이상의 사람들에게 노출되며 광고 효과를 톡톡히 보았다.

방탄소년단도 2021년 9월 다이너마이트(Dynamite)의 안무 버전 뮤직비디오를 포트나이트 파티 로열 모드에서 최초로 공개했다. 접속자들은 방탄소년단의 다이너마이트 이모트를 구매해 같이 춤을 추며 무대를 즐겼다. 이모트는 일종의 이모티콘과 같은 것인데, 이모트를 사용하면 아바타가 춤을 추거나 어떤 특정 행동을 취하게 된다. 방탄소년단 다이너마이트 이모트의 경우 두 가지의 모션을 한화 8천 원 가량에 출시했는데, 신곡 하이라이트 부분의 춤을 그대로 따라 하며 많은 유저에게 불티나게 판매되었다. 이런 현상은 유대감 형성을 중요시하는 Z세대의 특징을 바탕으로 아이템 구매를 자연스럽게 유도하면서 Z세대의 몰입과 참여를 극대화했기에 가능했다.

최근에는 파티 로열 모드에서 '쇼트나이트'라는 단편 영화제를 개최했는데, 실제 영화관에서 팝콘을 먹으며 영화를 관람하는 것처럼 아이템 상점에서 점보 팝콘 이모트를 구입할 수 있어 영화를 현실처럼 생생하게 즐길 수 있었다. 가상과 현실의 경계가 모호해지면서 포트나이트는 단순히 게임을 하는 공간을 넘어 Z세대의 문화를 공유하고 콘텐트를 즐기는 메타버스 플랫폼으로 빠르게 자리매김하고 있다.

그림 3-16 | 모든 것을 창조할 수 있는 메타버스 마인크래프트 (자료: Minecraft)

마인크래프트도 대표적인 메타버스 플랫폼이라고 할 수 있다. 마인크래프트는 아바타를 만들어 네모난 블록을 활용해 건물을 짓고 물건을 만들어내는 게임으로 Z세대의 성지라고 불린다. 다른 아바타와 교류하며 게임 내에서 현실 세계와 동일한 가상 세계를 구축하는데, MZ세대는 코로나로 학교에 등교를 할 수 없게 되자 가상 캠퍼스를 만들어 수업에 참여하는가 하면 졸업식까지 진행했다.

이때 실제 학생들은 마인크래프트 아바타로 입장했으며 총장 연설과 교내 아카펠라단의 축하 공연, DJ 공연까지 이루어졌다. 가상 졸업식은 학교 경기장에서 진행하고 트위치로 스트리밍을 했는데 동시 접속자가 무려 1만 명 이상이었다. MZ세대는 가상 세계와 현실 세계를 자유롭게 오가며 아바타와 자신을 동일시하는 경향이 있기 때문에 가상 세계에서 보내는 시간은 앞으로도 더 빠르게 늘어날 것으로 보인다.

국내에서 가장 두각을 나타내고 있는 메타버스는 단연 네이버의 제페토다. 제페토는 얼굴 인식과 증강 현실 등을 이용해 아바타와 가상 세계를 만드는 플랫폼으로 출시된 지 3년도 채 되지 않았지만 벌써 글로벌 누적 이용자 수가 2억 명에 달한다. 미국에 로블록스가 있다면 한국에는 제페토가 있다고 할 수 있겠다. 넷플릭스 글로벌 이용자 수가 2억 명이라는 점을 감안한다면, 제페토 플랫폼이 얼마나 빠르게 성장하고 있는지 실감할 수 있다. 특히 제페토는 전체의 80퍼센트가 10대이고 90퍼센트가 글로벌 이용자로, 미래의 핵심 콘텐트 소비층인 10대를 중심으로 글로벌 SNS의 한 장르로 자리매김하고 있다. 제페토가 10대들의 메타버스로 급부상한 이유는 크게 두 가지가 있다. 첫째는 팬 플랫폼으로서 작용한 점이고, 둘째는 다양한 정체성을 가진 아바타로 가상 세계에서 소통할 수 있는 SNS로의 역할에 성공한 점이다.

제페토는 빅히트엔터테인먼트와 YG 엔터테인먼트로부터 120억 원, JYP 엔터테인먼트로부터 50억 원의 투자 유치에 성공하며 글로벌 아티스트의 IP를 활용해 사용자들을 락인(lock-in, 서비스를 한번 사용하면 다른 서비스로 옮기지 않는 현상)할 만한 콘텐트들을 생산하고 있다. 작년 9월 블랙핑크와 셀레나 고메즈가 협업한 곡 'Ice Cream'의 아바타 퍼포먼스 뮤직비디오를 제페토에서 최초 공개했는데, 이 영상은 지금까지 1억 뷰를 달성했고, 해당 뮤직비디오 촬영장을 3D로 구현한 제페토 월드에는 누적 접속자가 140만 명에 달했다.

그림 3-17 │ 국내에서 단연 두각을 나타내는 메타버스 제페토 (자료: Zepeto)

블랙핑크의 가상 팬사인회에는 전 세계 4,600만 명 이상이 참여해 블랙핑크 아바타와 함께 인증 사진을 찍고 사인을 받았다. 인증 게시물은 20만 개 이상이 쏟아졌다. 블랙핑크뿐만이 아니다. BTS 캐릭터인 BT21의 다양한 의상과 악세서리를 착용하고 BT21 월드도 구경할 수 있다. 있지(ITZY)는 설 연휴 동안 제페토 내의 가상 한강 공원에서 팬미팅을 개최했는데 누적 680만 명이 방문했다. 팬덤의 주 소비층인 10대를 주요 타겟층으로 설정해 성공적으로 락인 효과를 거둔 것이다.

제페토가 인기를 끌고 있는 또 다른 이유는 아바타로 소통하는 방식에 있다. Z세대는 대부분 자신이 원하는 모습을 아바타에 반영하는데, 이상적인 아이돌 화장법부터 명품 의상, 신발 등을 아바타에 적용함으로써 대리 만족을 느낀다. 특히, 제페토 아바타는 팔로워가 많을수록 큰 힘을 갖기 때문에 이용자들은 팔로워 수에 민감하게 반응할 수밖에 없고, 고가의 아이템을 사기 위해 지갑을 열고 있다. 이때 브랜드 광고 효과가 발생하는 것이다.

브랜드 광고주들은 제페토를 브랜드 홍보 창구로 적극적으로 사용하고 있다. 크리스찬 루부탱은 제페토에서 2021 SS 신상 컬렉션을 최초 공개했고, 구찌는 60여 종의 아이템을 출시하며 올해 신상품 일부를 공개했다. 루비 월드와 구찌 빌라 월드에서는 해당 브랜드 의류를 입은 아바타들이 사진을 찍으며 소통할 수 있다. 1만 원도 안 되는 가격으로 명품 구매를 하면서 얻는 대리 만족감이 Z세대의 지갑을 열게 만드는 요인으로 작용하고 있다. 조사에 따르면 작년 Z세대가 가장 선호하는 명품 브랜드 1위(41.2퍼센트)로 구찌가 선정됐는데, 특히 10대 후반(61.9퍼센트)에서 가장 인지도 높은 브랜드로 꼽혔다. 미래의 주 소비층이 될 MZ세대를 대상으로 한 브랜드 광고가 효과를 본 셈이다

Z세대의 놀이는 여기서 끝이 아니다. 사용자가 자유롭게 콘텐츠를 창작하고 공유하는 특성 덕분에 제페토 내부에서 생성된 창작 콘텐츠는 10억 건을 훌쩍 넘어섰다. 내가 꾸민 아바타를 주인공으로 드라마도 만든다. 주된 이용자 층이 10대이다 보니 대부분의 드라마 소재는 학교 생활, 사랑, 우정 등이지만 판타지, 시대물 등의 다양한 장르물도 있다. 50만 회 이상 재생된 제페토 드라마도 꽤 많다. 제페토 스튜디오를 통해 사용자가 직접 아바타의 패션 아이템을 디자인하고 판매할 수도 있다. 2021년에는 6만 명 이상이 제페토 스튜디오에서 활동했고 총 거래액은 8억 원을 상회했다.

제페토는 일방적으로 콘텐트를 제공받는 게 아니라, 사용자의 직접 콘텐트 참여를 통해 몰입 효과를 높이며 락인 효과를 강화하면서 Z세대에게 게임 그 이상의 콘텐트를 즐기는 문화 공간으로 자리잡게 되었다. 인스타그램과 스냅챗은 초기에 주로 10대 사용자를 중심으로 성장하기 시작했는데, 앞으로 글로벌 10대의 놀이 공간이 된 제페토도 비슷한 노선으로 빠르게 성장할 것으로 보인다.

국내 대기업 중에서는 SK그룹이 메타버스에 대한 열려있는 시각을 보여주고 있다. SK그룹의 ICT 투자지주사 SK스퀘어는 2021년 11월 분사 후 첫 번째 투자처로 가상자산 거래소 코빗에 900억 원(지분 35퍼센트)을 투자해 2대 주주로 올랐고, 카카오 계열 자회사로 3D 디지털 휴먼 제작 기술을 보유한 온마인드에 80억 원(지분 40퍼센트)을 투자하면서, 블록체인과 메타버스 등 신사업 투자 활동을 본격화했다. 이러한 투자는 SK그룹의 다양한 콘텐트 플랫폼과의 시너지 효과가 있을 것으로 기대된다.

SK텔레콤이 보유하고 있는 메타버스 플랫폼 이프랜드(ifLand)는 메타버스 사용 편의성을 높이고 다양한 가상 공간과 아바타를 통해 이용자의 메타버스 경험을 극대화할 수 있다. 그리고 메타버스를 활용한 회의, 발표, 미팅 등 활용성이 다양해지는 사회적 흐름을 고려해 문서 및 영상을 공유할 수 있는 효율적 커뮤니케이션 환경도 구축했다. 그밖에도 앞으로는 자체 가상자산을 발행할 수 있으며, 앞으로 메타버스 내 아이템, 의상 등의 NFT화를 통해 경제 활동이 가능한 시스템이 구축

너와 내가 만나는 메타버스, 새로운 세상 속으로 ifland

될 것으로 예상한다.

메타버스라는 단어는 2021년 연초부터 유행하기 시작했는데, 한국 정보통신진흥협회 회장직을 맡고 있던 박정호 前 SK텔레콤 사장이 신년사에서 메타버스를 언급한 시점이었다. 필자도 이때부터 메타버스와 블록체인 관련 리포트를 발간하기 시작했었다. 박정호 사장은 현재 SK스퀘어의 대표이사를 맡고 있으며, SK텔레콤의 메타버스에 대한 투자는 더욱 활발해질 것으로 예상된다.

아프리카TV는 BJ IP를 활용한 성장 전략을 취하고 있는데, NFT 콘텐트 마켓 플레이스 'AFT마켓'과 메타버스 플랫폼 '프리블록스'를 선보였다. 프리블록스는 블록체인 기반의 가상 현실 플랫폼으로 참여자들이 아바타를 통해 자유롭게 실시간으로 소통하며, 아프리카TV 서비스

그림 3-19 | BJ IP를 활용한 아프리카TV의 메타버스 프리블록스

그림 3-19 | BJ IP를 활용한 아프리카TV의 메타버스 프리블록스

그림 3-20 | 프리블록스에서 통용되는 재화, 메타벅스와 프리벅스 (자료: FreeBlox)

의 강점을 강화하여 메타버스 환경으로 확장하였다. 직접 꾸민 아바타 외 AFT마켓에서 구매한 BJ 아바타를 프리블록스 메타버스에서 사용할 수 있게 하여 NFT 마켓과의 연결성을 부여했다. 참여자는 이곳에서 BJ와 함께 다양한 활동을 즐길 수 있으며, 메타버스 공간에 마련된 게임을 하며 실시간으로 소통할 수 있다. 프리블록스 안에서 통용되는 재화로는 메타벅스와 프리벅스가 있으며, 향후 재화와 상품을 만들고 판매할 수 있는 가상 현실 경제를 만들어나가는 것을 목표로 하고 있다.

Ⓝ VR 디바이스의 보급이 터닝포인트

결국, 메타버스의 종착점은 현실과 가상이 구분되지 않을 만큼 정교하면서도 실감나는 몰입감을 구현하는 것이다. 영화 '레디 플레이어 원(Ready Player One, 2018)'은 누구든 원하는 캐릭터로 어디든지 갈 수 있고, 뭐든지 할 수 있고, 상상하는 모든 것이 가능한 가상 현실 공간이 배경이다. 주인공인 웨이드 와츠가 VR헤드셋과 감각을 느낄 수 있는 장비를 착용한 후 오아시스(메타버스)에 접속하는 것처럼 이를 구현하기 위한 IT 업체들의 움직임은 매우 분주하다.

그러나 현재 출시된 VR기기들의 기술력을 살펴보았을 때는 상당한 시간이 소요될 것으로 보인다. 하지만 회사명을 메타(META Platforms)로 바꿔가며 메타버스 세계에 매우 진심임을 보여준 페이스북도 메타버스 구현을 5년 이후로 내다보고 있기 때문에, 향후 펼쳐질 세계는 현재 보이는 것과는 많이 달라져 있을 것으로 보인다. VR기기에 대한 제품 개발은 꽤 오래 전부터 시작되었으며, 현재까지 변화된 기술을 보면 향후 5~10년 뒤를 어느 정도 가늠할 수 있다.

2015년 가상 현실 기기 업체인 오큘러스 VR이 세계 최대 게임쇼인 'E3 2015' 개막에 앞서 소비자 버전의 오큘러스 리프트를 공개하였다. 이때 공개된 제품은 개발자 버전보다 개선된 해상도로 실감나는 가상 현실을 구현한 제품이었다. 삼성전자도 이에 앞서 오큘러스와 협력하여 모바일을 이용한 삼성 기어 VR을 2014년 4분기에 출시한 바 있으며, 구글이 저렴한 가격의 카드보드(Cardboard), 소니는 플레이스테이션을 활용한 PS VR, 마이크로소프트는 홀로렌즈 등 글로벌 IT업체들이 가상 현실 기기 시장 경쟁에 뛰어들었다.

그러나 이러한 다양한 VR기기는 소비자에게 VR이라는 새로운 경험을 제공했지만, VR기기를 착용하는 것에 대한 불편함과 시각 등 여러 감각들의 인지 부조화로 인한 멀미, 소비자의 니즈를 충족시키는 킬러 콘텐트의 부재 등의 문제가 있었고, 이로 인해 시장은 크게 활성화되지 못했다. 이에 기어VR 앱 개발 지원이 중단되고, 구글 카드보드와 데이드림 개발 중단 및 사업 철수를 발표 하는 등 스마트폰 기반 VR은 쇠퇴하게 되었다.

하지만 스마트폰 기반 VR은 사라졌으나, Windows PC 및 콘솔을 기반한 고성능 VR은 명맥을 유지해왔다. 오큘러스 리프트(Oculus Rift), 바

이브(VIVE), 밸브(Valve) 등이 대표적인 PC 기반 VR이며, 양손에 컨트롤러를 들고, 가상 공간에서 자유롭게 움직이거나, 가상 공간 안에서 물체에 닿으면 진동을 주는 등 현실감을 느낄 수 있는 요소가 더해져 몰입감 높은 게임을 즐길 수 있게 되었다.

2019년 4월, 밸브 코퍼레이션이 개발한 Valve Index는 새로운 VR 하드웨어의 표준을 정의했다고 평가받을 만큼 자유도 높은 컨트롤이 가능하며, 하프라이프: 알릭스라는 대작으로 품귀 현상을 일으키기도 하였다. 그러나 999달러라는 높은 가격으로 인해, 소비층이 확대되기 어렵다는 점이 Windows PC 기반 VR의 한계였다.

소니는 자사의 콘솔 플레이스테이션4에 사용할 수 있는 PS VR을 출시하고 있다. PS5 출시에 따라, 새로운 VR기기를 준비하고 있으며, 강

그림 3-22 | 저렴한 가격으로 VR 대중화에 기여한 오큘러스 퀘스트2 (자료: Oculus)

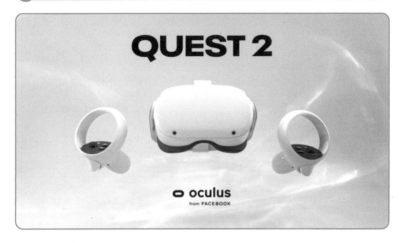

력한 IP를 중심으로 매니아층을 보유하고 있다. PC기반 VR보다는 저렴한 가격이나, 특정 콘솔에서만 사용할 수 있다는 폐쇄적인 환경 때문에 대중화되지 못하였다.

2014년 삼성전자가 기어 VR을 공개한 후로 약 6년의 시간이 흘렀다. VR기기가 대중화되지 못했던 큼직큼직한 이유들(멀미, 디바이스 가격, 킬러 콘텐트 부재)이 점차 해결되고 있다. VR 멀미는 시각으로 들어오는 정보와 몸 혹은 디스플레이가 빠르게 반응하지 못함에 따른 인지 부조화가 원인이다. 따라서 높은 주사율과 해상도, 빠른 처리 속도로 프레임을 안정화하는 등 현실과 괴리감을 덜 느끼도록 하는 것이 중요하다. 이 때문에 고가의 PC 기반 VR이 대부분을 차지해왔으나, 오큘러스가 오큘러스 퀘스트2(Oculus Quest 2)를 299달러에 출시하면서 가격 측면에서의 부담이 크게 줄어들었다.

오큘러스 퀘스트(Oculus Quest)는 독립형 VR로 PC에 의존하지 않고 자체 디바이스로 VR 환경을 만들 수 있는 제품이다. 독립형 VR은 이동의 자유가 있는 데다 컴퓨터와 TV가 별도로 필요하지 않아 저렴하다는 장점이 있기 때문에, 향후 VR 대중화는 독립형 VR 형태로 갈 것으로 보인다. 하지만 시뮬레이터와 연동 개발에 다소 제약이 있으며, 아직은 인터넷 환경이나 사양 조건에 따라 불완전하다는 단점이 있다. 이 부분은 점차 개선될 것으로 보이며, 갈수록 저렴해지는 HMD, 많은 유저를 확보한 메타버스 플랫폼의 등장은 앞으로 사람들이 VR 디바이스를 살 수밖에 없는 환경을 만들 것이다. 기기 성능 개선으로 디바이스를 장시간 착용할 수 있게 됨에 따라, 메타버스로 만들어지는 인간의 새로운 사회적 관계는 무시하기 어려워질 것이다.

어린 학생들이 많이 이용하는 로블록스의 사례를 보더라도, 가상 현실 공간은 그들에게 이미 중요한 공간이며, 계속 머물러야만 하는 공간이 되었다. 이러한 세상의 변화에 따라, 글로벌 기업들도 공개하지 않던 개발 현황을 공개하거나, 관련 업체와의 제휴, 인수 등 빠른 움직임을 보이고 있다.

글로벌 IT업체들이 가상 현실 기기 시장을 주목하고 있는 것은 VR 디바이스가 스마트폰에 버금가는 새로운 IT기기 혹은 큰 시장 규모를 형성할 수 있다는 판단에서일 것이다. 현재 앞서나가고 있는 페이스북(Oculus), 마이크로소프트(Hololens), 구글(Google Glass)외에도 삼성전자와 애플도 스마트 글래스에 대한 기술 개발을 진행하고 있다. 또한, 수익 창출에 있어서 핵심이 되는 콘텐트와 플랫폼 분야에서도 네이버, 로블록스, 페이스북 등이 시장을 선점하기 위해 적극적인 행보를 보이고 있다. 암호 화폐 업계도 메타버스 내 경제 활동으로 암호 화폐가 소비될 수 있다는 점에서 많은 프로젝트가 진행 중이다.

증강 현실(VR) 및 가상 현실(AR) 하드웨어 시장은 오큘러스 퀘스트 3(Oculus Quest 3)를 시작으로 한 독립형 헤드셋의 보급 증가 등의 영향으로 성장할 것으로 전망된다. 2021년 하드웨어 출하량은 986만 대로 코로나로 둔화되었던 2020년과 비교해서 97퍼센트가 증가했으며, 2022년에도 44퍼센트 성장한 1,419만 대가 출하될 것으로 추정된다. 지금까지 가상 현실 시장은 보편화되지 않은 초기 시장에 불과했으나, 소비자들의 인식 변화 및 다양한 기업의 참여, 새로운 콘텐트의 등장으로 큰 규모의 IT 디바이스 시장으로 자리잡을 것으로 전망된다.

현재 VR 디바이스 시장을 선도하고 있는 기업은 페이스북의 오큘러스(Oculus)이며, 출하 점유율은 59.5퍼센트, 금액 점유율은 49.4퍼센트이다. 또한, 콘솔과 연동되어 있는 소니의 점유율은 각각 6.8퍼센트, 4.2퍼센트이며, 마이크로소프트는 상업용 초고가 제품 판매로 인해 매출 규모 2위를 기록하고 있다.

이 중 페이스북은 가장 공격적으로 VR 생태계 확장에 투자하고 있다. 2014년 오큘러스 인수 이후 꾸준히 VR 기기를 출시해왔고, 결국 2020년 출시한 오큘러스 퀘스트2가 저렴한 가격과 준수한 성능으로 독립형 VR 기기 대중화의 시작이라는 호평을 받았으며, 이용자가 빠르게 확산되고 있다. 현재 페이스북은 다양한 VR 게임 제작사들과 관련 기술 스타트업들을 인수해왔고, 국내 SKT와도 협업하는 등 기기뿐만 아니라 오큘러스 플랫폼에도 적극적으로 투자하고 있다.

오큘러스 플랫폼에서는 이미 200여 개가 넘는 앱을 활용할 수 있다. 그 안에는 다양한 게임들뿐만 아니라, 재택 근무를 돕는 인피니트 오피스, 가상 회의 공간 스페이셜(Spatial), 건강 관리 앱, 자체 소셜 VR 플랫폼 호라이즌(Horizon) 등이 있어 VR 세계를 빠르게 확장해 나가고 있다. 나아가 페이스북이 2018년 선보인 AR 필터 플랫폼 스파크 AR 역시 빠르게 성장하고 있다. 또한 레이밴으로 유명한 안경 업체 에실로룩소티카(EssilorLuxottica)와의 협력으로 올해 스마트 글래스를 출시할 예정이며 여러 영역에서 경쟁력을 강화하고 있다.

현재 판매되고 있는 VR 기기들은 모두 컨트롤러를 잡고 조작하는 형태로 구성되어 있다. 따라서 손이 느끼는 컨트롤러의 무게감과 이질감은 분명 가상 세계로의 몰입을 방해할 수밖에 없다. 최신 VR 기기들이 핸드 트래킹 기능을 제공하고 있지만 인식 정확도와 속도 그리고 구체적인 제스처의 구현에 있어서 분명히 한계가 존재한다. 페이스북에서는 이러한 한계를 극복하기 위해 핸드 트래킹 기술 개발에 적극적으로 노력하고 있다. 페이스북의 연구 개발 조직인 리얼리티 랩스(Reality Labs)에서는 지난 12월 인간의 손을 실시간으로 추적해 거의 완벽하게 인식하는 기술을 담은 논문을 발표했다. 비전 기반 추적 기술과 신체 기반 애니메이션 기술 발전을 활용해 손이 복잡한 형태를 취해도 추적할 수 있도록 최초의 알고리즘을 제시했다.

물론 현재 발표된 내용에 대해선 정확한 추적을 위해 100대 이상의 카메라가 필요하기 때문에, 당장 상업화되지는 않을 전망이다. 애플에서도 골무 형태의 움직임 감지 장치를 개발하고 있는 것으로 알려지는 등 결국 VR 디바이스의 컨트롤러는 얇은 장갑 혹은 맨손 형태로 발전할 것이다. 이를 통해 훨씬 많은 콘텐트의 구현이 가능해지고, 실제 세계에 있는 듯한 몰입감을 선사할 것으로 기대된다.

마이크로소프트의 홀로렌즈(Hololens)는 눈앞에 홀로 그래픽을 펼쳐주는 디바이스로 현실 공간에 가상 정보를 더해 상호 작용이 가능하도록 설계되어 있으며, 혼합 현실(MR)의 추구를 표방한다. 이에 따라, 기업의 원격 지원이나 진단, 교육, 의료 분야에서 작업 숙련도를 단시간에 끌어올리는 데 도움을 줄 수 있다. 마이크로소프트는 2015년 미국과 캐나다 등 일부 국가에 홀로렌즈1을 출시하였으며, 2019년 2세대 제품을 발표하고 2020년 출시하였다. 가격은 4,000달러이며, 퀄컴 스냅드래곤 XR1을 탑재하고 있다.

실제로 세계 1위 방산 기업 록히드 마틴(Lockheed Martin)은 2017년부터 NASA와 달 착륙 임무를 수행할 우주선 '오리온'을 개발하고 있는데, 이 과정에서 홀로렌즈2를 활용하고 있다. 록히드 마틴은 조립 과정에서 통상 8시간 소요되는 업무가 AR 글래스 덕분에 45분 아래로 단축됐다고 밝혔다. 또한 미군과 홀로렌즈2 공급 계약을 체결하였고, 석유

업체 쉐브론에서도 홀로렌즈2를 활용하는 등 산업계에서 점차 영역을 넓혀가고 있다. 대중화 초입에 있는 소비자용 VR기기처럼 산업용 AR 글래스도 성능 개선과 가격 하락이 이뤄지면서 확산 속도는 빨라질 것으로 기대된다.

구글은 2012년부터 구글 글래스 프로젝트를 시작했으며, 2013년 처음으로 선보였다. 하지만 사생활 보호 등 여러 논란으로 2015년 소비자용 제품 생산을 포기하고, 산업용 제품을 집중, 개발하기로 하였다. 2017년 산업체에서만 사용할 수 있는 구글 글래스 엔터프라이즈 에디션을 선보였으며, 2019년 2세대 제품까지 출시하였다. 가격은 999달러이며, 퀄컴 스냅드래곤 XR1을 탑재하였다. 구글은 관련 기술 기업에 대한 투자에도 적극적이다. 2020년 6월 스마트 글래스 업체인 노스 (North)를 인수하였으며, 의료 서비스 솔루션을 개발한 스타트업 오그메딕스(Augmedix)에 1,700만 달러를 투자한 바 있다.

애플도 가상 현실 시장에 대해 적극적인 자세를 취하고 있으며, 앞으로 본격적인 메타버스 인프라 확산에 결정적인 역할을 할 것으로 예상된다. 애플은 헬멧형 AR 웨어러블에 이어, 글래스형 AR, 장기적으로 콘텍트렌즈형 AR을 구현할 수 있다. 헬멧형 제품은 기존 VR제품보다 뛰어난 몰입감을 제공하고, 휴대용 제품처럼 느껴지지 않게 사용자 편의성이 개선될 것으로 보인다. 애플글래스는 6개의 렌즈와 라이다 (LiDAR, Light Detection and Ranging) 센서를 탑재한 AR 기반의 VR 헤드셋이 될 것으로 추정된다.

애플은 넥스트VR을 인수한 바 있으며, 아이폰에서 본격적인 사용되기 시작한 라이다 스캐너 등 제품 생산을 위한 SCM을 구축하는 단계에 있다. 현재 AR 콘택트렌즈, 해상도 8K인 디스플레이의 고성능 프로세서, 손가락의 움직임을 감지하기 위한 골무 형태의 장치 등도 개발하고 있는 것으로 알려져 있다.2월 21일 트위터 채널을 통해 삼성전자 AR글래스 콘셉트 영상이 유출되었다. 1분 남짓한 두개의 영상에 삼성 글래스 라이트, 삼성 글래스 두 가지 제품이 등장했다. 삼성 글래스라이트 영상에서는 비디오 게임, 동영상 시청(갤럭시워치 연동 조작), 덱스 디스플레이 활용(모니터 대체), 화상 회의, 드론 제어가 가능한 것으로 표현되었으며 선글라스 모드를 통해 외부에서도 활용이 가능함을 보여줬다.

삼성 글래스 영상에는 가상 키보드를 통해 두 개 이상 화면을 띄우고 작업하는 AR Office 기능이 포함돼 글래스 라이트보다 업무에 특화된 것으로 추정된다. 여기에는 터치를 이용한 건물 설계와 홀로그램 통화를 통해 설계된 건물을 시뮬레이션 형식으로 보여주는 내용이 담겼다. 다만, 영상에 제품 사양 등은 공개되지 않았다. 삼성전자 관계자는 VR, AR 관련 기술 개발 연구를 지속하고 있지만, 구체적인 제품이나 서비스 등 출시 관련 내용은 확인해 줄 수 없다고 밝혔다. 삼성전자는 AR글래스에 이어 지난해 10월 미국 특허청에 VR 헤드셋 브랜드로 추정되는 '갤럭시 스페이스'의 상표를 등록했고, 1월에는 헤이그 국제 디자인 시스템에 MR 헤드셋과 컨트롤러 관련 특허를 등록하는 등 새로운 VR 디바이스 출시에 대한 기대감을 높이고 있다.

NON - FUNGIBLE TOKEN

PART 4

NFT 생태계의
확대와 NFT가 주는 의미

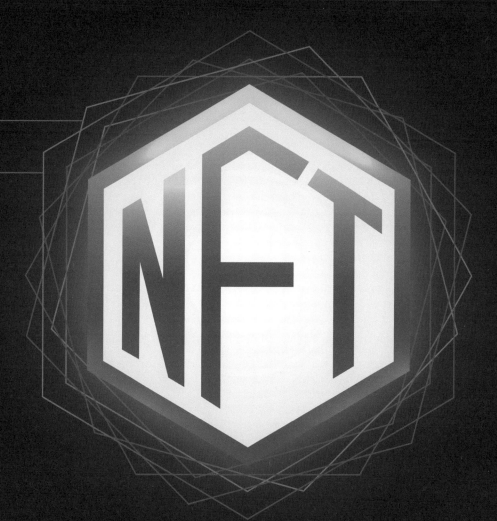

어디서 어떻게 유통되는가, 그리고 우리는 어떻게 투자할 것인가

NFT를 거래하기 위한 마켓 플레이스

NFT 시장의 성장이 단순한 거품에 그치는 것이 아니라 개인에서부터 기업까지 참여할 수 있는 빅 마켓으로 자리잡으려면, NFT를 사고 팔 수 있는 2차 시장인 NFT 마켓 플레이스의 역할이 중요하다. 아무리 가치가 있는 것이라고 해도, 이것을 활발하게 거래할 수 없다면 시장은 형성될 수 없으며 제 값을 받을 수도 없다. 암호화폐 시장에서도 사람들이 비트코인과 알트코인을 거래할 수 있는 거래소의 유무에 따라 시장의 평가가 달라지는 것처럼 말이다.

NFT에서 마켓 플레이스의 존재는 더욱 중요하다. 주식 시장의 경우, 가장 뜨거운 투자처는 기업 공개(IPO) 시장이다. 코로나 이후 유동성이 폭발적으로 증가하면서 조 단위 기업들의 잇단 상장이 이루어졌고, 막대한 청약 증거금이 몰렸다. 가령 2021년 한 해 코스피 공모 금액은 17.2조 원으로 IPO 사상 최대 기록이었다. 일반 청약 증거금 역시 SK아이이테크놀로지 81조 원, SK바이오사이언스 64조 원, 카카오뱅크 58조 원을 기록했으며, 2022년 LG에너지솔루션 공모에는 114조 원의 자금이 증거금으로 사용되었다.

사람들이 IPO 시장에 이렇게 큰 자금을 넣을 수 있는 이유는 무엇일까? 물론 공모가에 비해서 높은 가격에 팔아 돈을 벌 수 있다는 것이 이유일 것이다. 하지만 거기에도 전제조건이 필요할 터인즉, 내가 투자한 그 상장 주식은 언제든 내가 원할 때 바로 팔 수 있어야 한다는 것이다. 투자란 수익을 보면 당연히 좋은 것이겠으나, 시장 상황에 따라 손해를 볼 수도 있다. 하지만 손해를 볼지언정 필요할 때 바로 팔 수 있다는 점은 유동성 리스크에서 벗어날 수 있게 해주어, 불확실성을 해소해주는 것이다.

NFT도 마찬가지이다. NFT 프로젝트가 처음 민팅될 때 이를 재판매할 수 있는 마켓 플레이스가 존재하느냐의 여부에 따라, 투자자 혹은 후원자들의 자금 규모가 달라질 수 있는 것이다. 이더리움 블록체인 NFT의 경우 세계 최대 NFT 마켓 플레이스 오픈씨가 존재했기 때문에, 거래가 매우 활발했다. 그러나 솔라나와 바이낸스 스마트 체인 NFT의 경우, 체인이 다르기 때문에 NFT 민팅이 끝난 후 바로 거래소에 상장되지 못했고 거래는 저조할 수밖에 없었다.

　이렇게 마켓 플레이스가 활성화되어 있다는 환경에 힘 입어, 많은 크리에이터가 아직은 생소하게 느껴지는 NFT 시장으로 진입할 수 있었다. 만약 내가 자금을 모금할 수 있는지가 불확실한 상황이라면, 사람들은 선뜻 도전을 하기 어려울 것이다. 그러나 NFT 마켓 플레이스가 활성화되면 참신한 콘텐트를 기반으로 한 NFT가 다양하게 나오게 되며, 다시 더 많은 자금이 NFT 마켓으로 들어올 수 있는 선순환 구조를 가지게 된다.

　현재 가장 활발히 거래가 이루어지고 있는 마켓 플레이스는 단연 오픈씨(OpenSea)라고 할 수 있다. 오픈씨는 현재 세계 최대 NFT 마켓 플레이스이다. 오픈씨는 2017년 12월 미국에 설립된 회사로, 핀터레스트 출신 데빈 핀저(Devin Finzer)가 알렉스 아탈라(Alex Atallah)와 함께 설립하였다. 당시 크립토키티의 유행으로 NFT 시장이 태동하면서 창업을 한 것이다. 오픈씨는 설립 두달 만에 50만 달러의 거래액을 기록하며, 현재의 모습을 갖추었다. 오픈씨는 이더리움을 기반으로 디지털 자산 거래를 지원하는 P2P(Peer to Peer) 방식의 오픈 마켓이며, 디지털 아트워크, 컬렉터블, 도메인명, 게임 아이템 등 모든 유형의 NFT와 관련된 파생 상품을 거래할 수 있다.

　오픈씨는 시리즈A 라운드에서 2,300만 달러, 시리즈B 라운드에서 1억 달러, 시리즈C 라운드에서 3억 달러를 조달한 바 있으며, 시리즈C에서 133억 달러(약 16조 원)의 기업 가치를 인정받았다. 현재 오픈씨에서는 이더리움(ETH) 체인 외에도 클레이튼(KLATN)과 폴리곤(MATIC)을 지원하면서 영역을 확장하고 있으며, 최근 솔라나(SOL) 체인까지 지원할 것이라는 예상도 나오고 있다. 오픈씨는 NFT 발행자가 손쉽게 판매 채널을 열 수 있기 때문에, 앞으로 NFT 활성화에 큰 도움을 줄 것으로 예상된다.

오픈씨의 거래 방식은 크게 3가지로 구분할 수 있다. 고정 가격 거래(Fixed-price listings), 일반 경매 방식(Highest-bid auctions), 가격 하락 거래(Declining-price listings) 방식이 그것이며, 거래수수료 명목으로 판매 대금의 2.5퍼센트가 자동으로 공제된다. NFT의 놀라운 열풍 덕택에 오픈씨의 월 거래액은 지난 2021년 8월 34.3억 달러, 2022년 1월 49.5억 달러를 기록하였고, 이를 통해 오픈씨는 각각 0.9억 달러, 1.2억 달러의 월 수수료 수익을 수취하였을 것으로 추정된다.

NFT 마켓 플레이스가 매우 유망한 사업 아이템임을 증명하는 것이 바로 수수료다. NFT 판매자는 플랫폼을 이용하면서 매도 수수료를 내야 하는데, 오픈씨는 2.5퍼센트, 슈퍼레어(SuperRare) 3퍼센트, 니프티(Nifty) 5퍼센트, 파운데이션(Foundation) 15퍼센트, 노운오리진(KnownOrigin)은 15퍼센트로 책정되어 있다. 아직 플랫폼이 많지 않기 때문에, 꽤 높은 수수료가 책정되는 것 같다. 증권사에 몸담았던 필자의 입장에서는 경악할 만한 수수료율이라고 할 수 있다. 증권사의 본래 수익 원천은 주식 중개를 통한 수수료 수취(brokerage)였다. 지금은 상상할 수 없지만, 2000년대 증권사의 주식 매매 수수료는 0.5퍼센트에 달하기도 했다.

메타버스로 가는 NFT 로드맵

그러나 온라인 매매 도입과 경쟁 심화로 수수료율은 점차 낮아졌다.

개인들이 많이 사용하는 K증권이 온라인 수수료를 업계 최저 0.015퍼센트로 낮추어 많은 고객을 확보하였고, 최근에는 수수료는커녕, 수수료 10년 무료 혹은 평생 무료는 당연하게 여겨질 만큼, 증권사의 중개 수수료 업무는 막을 내렸다. 수수료가 낮아진 만큼 주식 투자의 대중화 속도는 점점 더 빨라졌으며, 더 많은 자금이 주식 시장에 들어올 수 있었던 계기가 되었다. 현재 NFT의 거래 수수료는 주식 시장의 극초기 단계에 보였던 양상으로 보이며, 점차 많은 NFT 마켓 플레이스가 생겨남에 따라 수수료율은 낮아질 것이다. 그런데 이것은 마켓 플

그림 4-1 | 국내 주요 증권사별 온라인 주식 위탁매매 수수료 현황(단위: %)

거래규모	1000만 ~ 3000만 원 미만	3000만 ~ 5000만 원 미만	5000만 ~ 1억 원 미만	종목당 이체수수료
굿모닝신한	0.14 + 2000원	0.13	0.12	0 ~ 1000원
대우	0.14 + 1500원	0.13 + 2000원	0.10	3000원
대신	0.14 + 1200원	0.13 + 1500원	0.10	3000원
우리	0.14 + 1200원	0.13 + 2000원	0.11	2000원
한국	0.13 + 1500원	0.12	0.12	2000원
현대	0.13 + 2000원	0.13 + 2000원	0.08	0 ~ 2000원
삼성	0.13 + 3000원	0.13 + 3000원	0.12	0 ~ 2000원
하나대투	0.10	0.10	0.08	5000원
동양종금	은행개설계좌는 0.015, 지점개설계좌는 0.019			0~1000원
미래에셋	은행과 지점개설계좌 구분없이 0.029			1000원
한화	은행과 지점개설계좌 구분없이 0.10			2000원
키움	0.025			1000원

<자료: 각 증권사>
※ 대신증권은 거래금액 기준이 초과와 이하임
　한국투자증권과 하나대투증권은 지점개설계좌의 수수료임
　은행개설계좌는 금액에 상관없이 한국증권 0.0?4%, 하나대투증권 0.015%임

증권사	오프라인	온라인
대우	2억 원 미만 0.50% 2억 원 이상 ~ 5억 원 미만 0.45% + 100,000원 5억 원 이상 0.40% + 350,000원	100만 원 미만 0.50% 100만 원 이상 ~ 1,000만 원 0.145% + 1,200원 1,000만 원 이상 ~ 3,000만 원 0.140% + 1,500원 5,000만 원 이상 ~ 1억 원 0.10% 1억 원 이상 0.08%
한국투자	2억 미만 : 0.50% 2억 이상 ~5억 원 : 0.45% + 10만 원 5억 이상 : 0.40% + 35만 원	300만 ~ 3,000만 원 : 0.13% + 1,500원 3,000만 원 ~1억 원 : 0.12% 1억 원 ~ 3억 원 : 0.10% 3억 원 이상 : 0.08% 단, 뱅키스는 0.024%
동부	2억 이하 0.45% 2억 ~ 5억 0.4% + 10만 원 5억 이상 : 0.40% + 35만 원	은행연계계좌 0.024% 지점 0.1%
키움		0.025

※자료제공: 각 증권사. 단, PDA, 선물 옵션 거래 등은 제외

구분		미국	일본	홍콩	중국
대우	온라인 0.3	온라인 0.3		온라인 0.3	온라인 0.4
	오프 0.5	오프 0.5		오프 0.5	오프 0.8
신한	온라인 0.25	오프 0.5		온라인 0.3	온라인 0.4
	오프 0.5			오프 0.5	오프 0.6
삼성	건당 $ 25	온라인 0.3		온라인 0.3	오프 0.8
	오프 0.6	오프 0.6		오프 0.7	
한투	온라인 0.25	오프 0.7		온라인 0.4	온라인 0.4
	오프 0.5			오프 0.8	오프 0.6
우리	온라인 0.25	온라인 0.3		온라인 0.3	온라인 0.3
	오프 0.5	오프 0.5		오프 0.5	오프 0.5
대신	온라인 0.25	온라인 0.3		온라인 0.4	오프 0.8
	오프 0.5	오프 0.7		오프 0.7	
미래	건당 $ 25	온라인 0.3		온라인 0.3	–
	오프 $ 50	오프 0.5		오프 0.5	–

키움	온라인 0.25 오프 0.5	온라인 0.3 오프 0.5	온라인 0.3 오프 0.5	오프 0.3
미트레이딩	건당 $ 25 오프 0.5	오프 0.5	온라인 0.3 오프 0.65	- -
하나대투	온라인 0.3 오프 0.5	- -	온라인 0.3 오프 0.5	- -

레이스에 더 많은 거래 대금이 모였다는 것을 의미하기 때문에, NFT 마켓 플레이스의 성장성은 앞으로 매우 높다고 생각한다.

최근 쏟아져 나오는 NFT 뉴스를 잘 살펴보면, 국내 기업들이 진출하고자 하는 시장은 결국 NFT 마켓 플레이스라는 것을 알 수 있다. 국내에서는 카카오의 클립드롭스, 위메이드의 위믹스옥션, 갤럭시아머니트리의 메타갤럭시아, 서울옥션의 엑스엑스블루(XXBLUE), 아프리카TV의 AFT마켓, 다날의 다날메타마켓 등이 한국의 오픈씨 혹은 NFT계의 업비트를 목표로 하고 있다. 참고로 업비트 역시 암호화폐 거래에 있어 시장을 선점했기 때문에 연간 2조 원 이상의 영업 이익을 벌어들일 수 있었다.

NFT의 장점은 창작자 혹은 크리에이터를 기존 시스템보다 더 우대한다는 점이다. NFT는 블록체인에 기록되는 것이기 때문에, 거래가 될 때 거래소 수수료 외에도 크리에이터에게 지급되는 추가 로열티를 설정할 수 있다. 이 로열티는 통상적으로 5~7.5퍼센트가 책정되고 있는데, 매도자가 오픈씨에서 판매할 때는 총 10퍼센트의 수수료를 거래소와 크리에이터에게 지급하게 된다. 예를 들어, 미술품은 현 시스템

상에서는 작가가 작품을 시장에 판매할 때 발생하는 판매 대금을 일회성으로 받는 것에 그치며, 이후 작품의 가격이 올라가도 작가가 추가적으로 보상을 받지 못한다.

하지만 NFT는 다르다. 1차 판매 수익 외에 2차 시장에서 거래가 되어도 거래가 생길 때마다 크리에이터에게 일정 금액의 인센티브가 제공될 수 있다. 따라서 크리에이터는 이미 판매한 작품도 지속적으로 커뮤니티를 활성화하는 등의 노력을 해야 하며, 이것은 크리에이터가 예술성 높은 작품 활동을 하는 동기로 작용하고 있다.

NFT를 사고파는 장터라면, 오픈씨 외에도 다양한 마켓 플레이스가 있다. 누구나 NFT를 만들어 올릴 수 있는 레어러블(Rarible), 민터블(Mintable)이 대표적이며, 심사가 필요한 니프티 게이트웨이(Nifty Gateway), 슈퍼레어(SuperRare), 메이커즈플레이스(MakersPlace), 노운오리진(KnownOrigin)도 있다. 후자의 심사가 필요한 마켓의 경우, 작품에 대한 큐레이팅 등 가이드 라인을 제공하기 때문에 높은 수수료를 받는다. 국내 미술품 경매 업체인 서울옥션과 케이옥션이 위탁 수수료 10퍼센트, 낙찰 수수료 15~18퍼센트를 가져가고 있는 것과 같다.

한편 암호화폐 거래소도 NFT 마켓 플레이스에 적극적으로 진출하고 있다. 이들 거래소는 암호화폐를 거래하는 유저를 많이 보유하고 있다는 점에서 상대적인 우위를 점할 수도 있을 것이다. 국내 암호화폐 거래소 중에는 업비트와 코빗, 해외 거래소 중에는 코인베이스(Coinbase), 바이낸스(Binance), 크립토닷컴(Crypto.com) 등이 NFT 마켓 플레이스를 운영하고 있다.

직접 가상자산 사업을 하고 있지 않은 기업들은 NFT 마켓 플레이스에 투자자로 참여하는 형태를 보이고 있다. 일례로 삼성전자의 글로벌 스타트업 투자 전문 회사인 삼성넥스트(SamsungNEXT)는 2021년 3월 미술품 NFT 전문 마켓 플레이스 슈퍼레어(SuperRare)의 시리즈A 펀딩 투자자로 참여했다.

슈퍼레어는 2018년 4월 설립된 이더리움 기반의 NFT 아트 플랫폼으로, 오픈씨와 마찬가지로 모든 NFT를 사고팔 수 있지만, 독점 컬렉션들에 초점을 맞춘 정교한 디지털 아트에 특화되어 있다. 심사를 통과한 아티스트만 사이트에서 NFT를 발행할 수 있는 큐레이팅 시스템을 운영 전략으로 하고 있으며, 진입이 까다로운 만큼 승인받은 작품은 높은 가치를 받는다는 특징을 가지고 있다. 슈퍼레어는 크립토 아트 분야에서 가장 많은 거래가 이루어지는 플랫폼이며, 유사한 플랫폼으로는 파운데이션(Foundation), 메이커즈플레이스(Makersplace), 노운오리진(Knownorigin) 등이 있다. 슈퍼레어는 지난 10월에는 3,712만 달러의 판매액을 기록한 바 있으며, 2021년 하반기 이후 월 평균 2,500만 달러의 거래 대금을 유지하고 있다.

NFT 시장은 이제 막 시작된 상황이기 때문에, 초기 선점 효과가 상당히 크게 작용한다. 최대 거래소인 오픈씨를 포함한 기타 거래소들의 거래 대금을 살펴보면, 오픈씨의 비중이 압도적으로 높음을 알 수 있다. 왜 그럴까? 오픈씨가 이더리움 NFT를 메인으로 하고 있으며 한국

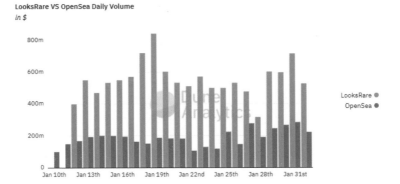

그림 4-4 | 오픈씨 거래 규모를 가벼이 넘어선 룩스레어 (자료: Dune Analytics)

LooksRare VS OpenSea Daily Volume
in $

인에게 친숙한 클레이튼 NFT를 지원하기 때문이기도 하고, NFT를 처음 접하는 유저를 확보하기에 유리하기 때문이기도 하다.

NFT 열풍 속에서 성장한 솔라나 블록체인에서는 솔라나트(Solanart), 디지털아이즈(Digitaleyes), 솔씨(Solsea), 매직 이든(Magic Eden) 등 많은 NFT 마켓 플레이스가 등장하였으며, 유저들을 유치하기 위한 NFT 상장 러쉬가 발생하기도 하였다. 반면, 이더리움 NFT에서는 오픈씨라는 거대한 플랫폼이 이미 자리를 잡은 상태였기 때문에, 1등 거래소에 대한 이견은 없었다. 하지만 지난 1월 룩스레어(LooksRare)가 장터를 열면서 흥미로운 현상이 나타나기 시작했다. 룩스레어는 1월 12일 오픈과 동시에 아무도 넘지 못했던 오픈씨의 거래 대금을 2배 이상 가볍게 넘기며, 큰 이슈를 만들어 냈다.

룩스레어는 오픈씨(2.5퍼센트)보다 저렴한 2.0퍼센트의 수수료를 책정

 **그림 4-5** | 룩스레어 - 높은 거래대금에 비해 턱없이 적은 유저 규모 (자료: Dune Analytics)

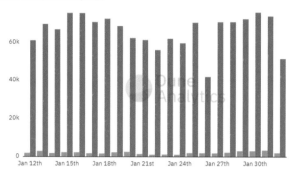

하고 있으며, 인증 받은 NFT를 거래할 경우 생태계를 활성화시킨 것에 대한 보상으로 매수자와 매도자에게 토큰을 보상으로 제공한다. 또한, 이더리움 블록체인의 고질적 문제인 가스비(거래 수수료)를 그룹 주문 방식을 활용하여 낮추고, 토큰을 예치한 사람에게 지분만큼 거래 수수료를 이더리움으로 보상하는 구조를 가지고 있다. 한마디로, 운영 주체자의 영향력보다 거래소를 만들어가는 커뮤니티에 대한 보상을 크게 하여, 자연적으로 성장할 수 있는 모델을 채택한 것이다.

또한, 초기에 오픈씨 이용자들을 대상으로 토큰 에어드랍을 해주면서 시장에 빠르게 알려지기도 했다. 다만, 높은 거래 대금에 비해 룩스레어를 사용하는 유저 수는 매우 적다는 점과 높은 거래 대금이 토큰 드랍을 위한 자전 거래(cross trading)로 부풀려진 부분이 있다는 것은 어두운 단면이기도 하다.

하지만 이것은 블록체인 시장에서 영원한 독점은 존재하지 않으며, 언제나 유저를 유입시키는 새로운 아이디어가 제시되어 시장이 빠르게 커진다는 사실을 보여주기도 한다. 이 책에서 자세히 설명한 중요한 NFT 마켓 플레이스도 있겠으나, NFT에 관심을 가지게 된다면 더 많은 마켓 플레이스를 만나게 될 것이다. 마지막 챕터에 나열하게 될 마켓 플레이스 소개 역시 전부는 아닐 것이며, 룩스레어처럼 새로운 NFT 플랫폼이 언제나 등장할 수 있다. 블록체인 별로 사용하는 마켓 플레이스가 다르기 때문에 이해하는 데 도움이 되었으면 하는 바람이다.

Ⓝ NFT를 활용한 금융 시장

NFT 거래가 점차 활발해지고, 산업적으로 활용되기 시작하면서 유동화 등 새로운 금융 상품 플랫폼 시장도 함께 성장하고 있다. NFT는 비트코인과 이더리움과 같은 가상자산과 달리 유동성이 낮으며, 토큰이 속하는 생태계 내에서 유틸리티의 성격을 갖기 때문에, 상대적으로 장기간 보유하게 되는 경우가 많다. 하지만 이러한 낮은 유동성 때문에, 자금 여유에 따라 간혹 낮은 가격에라도 처분해야 한다는 단점이 존재한다. 현실 세계의 대표적인 부동 자산인 부동산, 미술품, 자동차, 선박 등도 비슷한 성격의 자산이다.

미술품 담보 대출 규모는 연간 15~20퍼센트의 성장을 보여주고 있고, 특히 미국과 영국의 성장세가 높게 나타나고 있다. 하지만 한국에서는 주식, 채권, 부동산 위주의 담보 대출 비중이 높으며, 기타 자산들의 담보 대출 규모는 크지 않은 편이다. 가장 큰 이유가 무엇일까? 미술품 등 자산의 가치 평가를 위한 공신력 있는 미술품 거래 데이터 제공 기관이 부족하고, 대출금 미상환 시 금융 기관의 담보물 매각 절차도 쉽지 않기 때문이다.

NFT 시장에서는 스마트 거래(블록체인을 기반으로 한 계약 체결 방식)를 통해서 P2P 방식의 대출 플랫폼이 성장하고 있다. NFTfi는 NFT 자산을 담보로 일정 기간 동안 가상자산(wETH 등)을 빌릴 수 있는 플랫폼이며, 대출 기간은 7일, 14일, 30일, 90일로 설정할 수 있다. 탈중앙화이기 때문에 금융 기관 등의 개입 없이 개인 간 서로의 필요에 따라 계약이 성사되며, NFT 보유자가 담보로 제공할 NFT를 리스팅하면 대출액 및 금리, 대출 기간 등 조건을 제시받게 된다. 차용인이 제시된 조건을 수락할 경우, 계약은 스마트 컨트랙트로 블록체인에 기록된다. 차용인이 대출금을 상환하게 되면, NFT 담보물은 다시 소유자에게 돌아가게 되며, 스마트 컨트랙트의 약속을 이행하지 않을 경우 담보로 제공되었던 NFT가 대출금 대신 지갑에 전송되는 시스템이다.

현행 시스템 상에서 금융 기관의 담보 대출 리스크는 담보물 처분에 따른 손실 발생 가능성이라고 할 수 있다. 하지만 P2P 방식은 차용인과 대여인 간의 계약이며, 자산 유동화 및 이자 소득, NFT 저가 인수 등 서로의 이해 관계가 일치한 것에 따른 결과물이다. 또한, 알려져 있지 않은 NFT일지라도 블록체인 상에 모든 거래 내역이 기록되기 때문에, NFT의 진위 여부에 대한 판단도 쉬우며 일반인도 시장 가격에 대한 접근성이 실물 자산 대비 매우 높다고 볼 수 있다. 물론, 아직은 시장 초기 국면이며 높은 가격 변동성을 보여주고 있어서 1~3개월 미만의 단기 자금 유동화에 초점이 맞춰져 있지만, 시장이 성숙될수록 유동화의 폭은 더욱 넓어질 것으로 전망된다. 이에 따라, NFT의 금융화를 새로운 수익화 모델로 고려할 시점이 올 것이라고 생각한다.

NFT를 대출이 아니라 부분적으로 토큰화하는 방식을 취하는 플랫폼도 생겼다. 대부분의 NFT 유동성 프로토콜은 NFT 자산을 유동성 풀(Liquidity Pools)을 통해 유동화하거나, 1개의 NFT를 여러 개의 ERC-20 토큰으로 쪼개 일부를 판매하는 방식을 채택하고 있다. 대표적으로 사용되는 유동성 프로토콜인 NFTX와 NFT20이 전자이고, 유니클리(Unicly)와 프랙셔널(Fractional)은 후자에 해당하며 약 8천만 달러의 예치 자산 자금(TVL, Total Value Locked)이 해당 프로토콜을 이용하고 있다. 이 중 유니클리가 전체 예치 자산 자금 중 43퍼센트를 점유하고 있으며, 프랙셔널도 2021년 7월 서비스 이후 빠르게 시장 인지도를 높이고 있다.

지금은 사람들이 NFT를 세분화하여 일부만 판매하는 방식을 선호하기 때문에, 각각의 프로토콜이 어떤 기능을 내포하고 있는지는 사실 중요한 요소가 아니다. 그러나 이들 프로토콜이 어떠한 콘셉트를 가진 프로젝트인지 어느 정도 알 필요는 있다.

프랙셔널은 NFT 소유자가 NFT의 토큰화된 부분을 소유할 수 있는 소유권을 발행하도록 해주는 분산 프로토콜이다. 발행된 토큰은 자

그림 4-6 | NFT를 여러 개의 토큰으로 쪼개 활용하도록 하는 플랫폼들

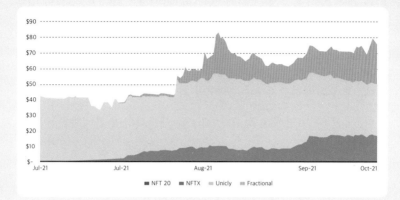

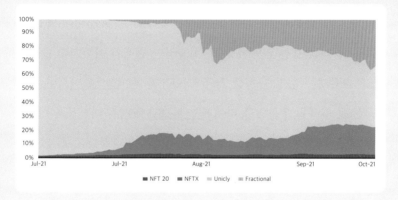

신이 소유한 NFT에 대한 거버넌스를 갖는 ERC-20 기반의 토큰이다. 이와 같이 NFT를 세분화하면, NFT을 판매하지 않고도 자산의 일부를 유동화할 수 있으며, 적은 금액으로도 고가의 NFT를 살 수 있는 조각 투자가 가능하다. NFT는 각각의 가격이 다르게 책정될 수 있기 때문에, 내가 판매하고자 하는 NFT의 가격을 본인도 명확하게 알지 못한다. 대신 약 20퍼센트 정도의 NFT를 세분화하여 판매하면, 이것에 입찰하는 사람들을 통해 간접적으로 NFT의 가격을 유추할 수 있으며, 기준을 만드는 툴이 될 수 있다.

부분 소유권을 가진 소유자는 전체 자산의 예비 가격에 대해 투표할 권리를 갖게 되며, 이 예비 가격은 전체 NFT 경매에 있어 제3자가 입찰하는 데 필요한 금액이 된다. 성공적인 판매가 이루어지게 되면, NFT 소유자는 적정한 시장 가격에 NFT를 판매할 수 있으며, 판매 대금에서 일부를 부분 소유자에게 지불하고 나머지 대금을 수익으로 얻을 수 있다. NFTX, NFT20, 니프텍스(Niftex), 유니클리(Unicly) 등도 디테일에서는 차이를 보이나 기본적으로 NFT를 거래가 가능한 ERC-20 토큰으로 변환해줌으로써 NFT 소유자에게 유동성을 제공한다는 점에서는 모두 유사하다.

NFT20은 개인이 NFT를 거래, 판매, 교환할 수 있는 탈중앙화 NFT 마켓 플레이스이다. NFTX와 유사하게 NFT 소유자는 NFT를 유동성 채굴 풀(Liquidity Mining Pools)에 추가할 수 있으며, 그것에 대한 보상으로 ERC-20 토큰을 받게 된다. 소유자는 이 토큰을 사용하여 해당 유동성

메타버스로 가는 NFT 로드맵

그림 4-7 | NFT를 세분화해서 유동성을 제공하는 플랫폼 (자료: Fractional)

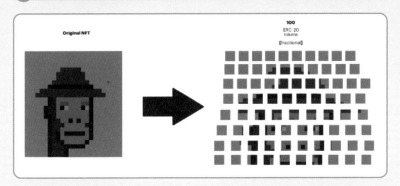

그림 4-8 | "NFTX가 NFT를 유동화하는 방식" (자료: Messari)

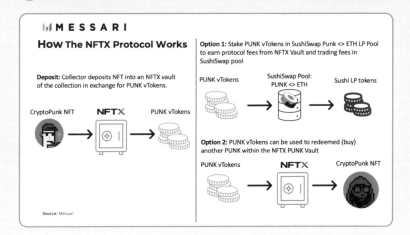

채굴 풀에서 NFT를 구매하거나, 유니스왑(Uniswap)과 같은 탈중앙화거래소(DEX, Decentralized Exchange)를 통해 판매할 수 있다.

NFT를 대출하거나 부분 매각할 때 가장 어려운 것은 아마도 가치 평가일 것이다. 필자도 주식 시장에서 기업 가치 평가를 위해 많은 연구와 노력을 해왔지만, 여전히 풀리지 않는 수수께끼와 같은 분야이다. 물론 주식, 채권 등 역사가 긴 자산의 경우, 여러 가지 가치 평가 모형이 존재한다. 그러나 이제 막 태동하기 시작하여 역사가 길지 않은 NFT의 경우, 가치를 평가한다는 것은 더더욱 어려운 일일 것이다.

현재 NFT의 가격이 높지만, 아직 금융 자산으로 인정되지 않고 있는 것은 가치에 대한 평가가 보편화되지 않았다는 것을 의미한다. 하지만 앞으로 통계적 기법이나 사례 비교, 예측 제공 등을 통해 정보 비대칭성이 해소된다면, NFT 담보 대출이나 ETF 등 NFT 금융 시장이 크게 성장할 것이라고 생각한다.

Ⓝ 우리는 어떤 투자를 할 수 있을까?

필자가 NFT에 처음 관심을 갖는 지인들과 대화를 나눠보면, 공통적으로 하는 질문들이 있다. 이 챕터에서는 몇 가지의 질문들에 대한 답을 정리하면서 NFT 투자를 어떻게 해야 할지 기준을 세워보고자 한다.

가장 많이 듣는 질문은 이것이다. "어떤 NFT를 사야 하는 거지?"

NFT 소개에서 항상 빠지지 않는 단어는 DYOR이다. "Do Your Own Research"의 약자로, 각자 스스로 조사를 해서 사야 한다는 것이다. NFT 프로젝트는 하루에도 몇 십 개씩 생겨나고 있으며, 투자금을 받은 후 갑자기 프로젝트를 중단하고 '잠수'해버리는 일명 러그풀(rug pull)도 심심치 않게 볼 수 있기 때문이다. 따라서 NFT 투자를 처음 시작하는 사람이 NFT를 살 때 매우 막막할 수밖에 없다. 필자도 모든 프로젝트를 면밀히 알 수는 없지만, 투자하는 데 있어 방향을 설정하게 되면 투자 성공률을 높일 수 있다고 조언해주고 싶다.

NFT와 코인 등 가상자산 시장에서의 투자 시계는 기존 전통 시장과 비교했을 때 상당히 빠르게 돌아간다. 그건 24시간 언제나 시장이 열려 있고 국가의 경계도 없기 때문이기도 하지만, 이제 시장을 만들어가는 단계이기 때문이라고 볼 수도 있다. 그렇기 때문에, NFT에서 성공적인 투자를 하기 위해서는 시장의 변화를 빠르게 읽어야만 한다.

오픈씨의 거래 대금이 폭증하면서 NFT가 높은 성장세를 보인 2021년 8월부터는 어떠한 프로젝트든 NFT를 발행하기만 하면 몇 배의 수익을 안겨주었다. 전형적인 '묻지마 투자'라고 할 수 있다. 특히, 이더리움 프로젝트의 높은 최저 가격을 따라가듯 가스비가 저렴한 솔라나(Solana) 블록체인에서 많은 엄청 많은 NFT가 발행되었다. 투자자들은 부담 없는 수수료 체계를 가진 솔라나 NFT를 선호했고, 이 과정에서 솔라나 코인에 대한 수요도 크게 증가했다. 40달러에 불과했던 솔라나(SOL) 코인 가격은 한 달 만에 200달러 이상으로 뛰기도 했다. 하지만 지켜지지 않는 로드맵과 무분별한 발행으로 급등했던 대부분의 NFT 가격은 민팅 가격 이하로 빠지기도 했으며, 이 시기를 통해 사람들은 NFT가 무조건 돈을 벌 수 있는 것은 아니라는 것을 깨달았다.

이후, 가격은 이미 높지만 NFT의 본질이라고 할 수 있는 커뮤니티가 잘 형성되어 있는 블루칩 NFT로 자금이 이동했다. 주식으로 보면 대형 우량주라고 할 수 있겠다. 특히, BAYC와 도지 사운드 클럽 등의 강세가 두드러졌다. 비슷한 시기에 가장 핫한 테마는 P2E와 메타버스였다. 이 때문에 NFT 시장에서는 가상 부동산 형태를 띈 프로젝트들이 어마어마한 상승세를 보였다. 더샌드박스의 땅 가격은 단기간에 10배 수직 상승하기도 하였다.

주춤하던 NFT 시장은 2022년 들어서 1월부터 다시 뜨거워졌다. NFT에 대한 관심이 더 확산된 이유 중 하나는 셀럽의 참여이다. BAYC를 가지고 있는 셀럽들이 점차 늘어나면서 해당 셀럽을 좋아하는 일반 대중이 NFT 시장에 들어왔다고 볼 수 있다. 이러한 영향이 BAYC가 크립토펑크를 제치고 앞서 나가게 된 요인 중 하나로 추정된다. 국내에서는 메타콩즈의 성장세가 이와 닮았다고 할 수 있다. 메타콩즈는 가수 선미와의 컬래버레이션을 진행하고, 가수 세븐의 NFT 프로젝트와 파트너십을 맺는 등 대중에게 친숙한 셀럽과의 연계를 보이고 있다.

최근의 NFT 트랜드는 프로젝트와의 파트너십과 화이트리스트(민팅 참여권) 제공에 초점이 맞춰져 있다. NFT와 코인 등 가상자산 시장의 특징은 승자 독식 구조가 아닌 공존을 통한 생태계 형성이다. 즉, "우리 모두 뭉쳐서 함께 성장하자"라고 표현할 수 있다. 특히, NFT는 커뮤니티가 중심이 되기 때문에, 많은 파트너십을 맺느냐가 중요한 지표가 될 수 있으며 셀럽도 중요한 역할을 하게 된다.

파트너십과 함께 NFT 홀더에게 제공되는 화이트 리스트 자격도 중요한 투자 지표가 된다. 점차 NFT에 투자하려는 사람이 늘어나고 있는데, 사람의 생각은 비슷하듯 가지고 싶은 NFT 역시 공통 분모를 가지게 된다. 따라서 홍보가 잘 되어서 하이프(Hype)가 높은 NFT 프로젝트일수록 경쟁이 치열할 수밖에 없다. 여러가지 커뮤니티 활동을 하면서 화이트리스트를 얻어야 하지만 일반인이 접근하기에는 쉽지 않은 과정일 수밖에 없다.

그래서 사람들이 최근 들어 선호하는 NFT는 향후에 나올 블록버스터 NFT를 살 수 있는 권리를 미리 주는 NFT다. 표현이 다소 어려울 수 있으나, A라는 NFT를 보유하고 있다는 이유로, B/C/D 등 많은 NFT를 살 기회를 얻는다는 것이다. NFT 민팅에 참여해 본 사람이라면 쉽게 이해가 되겠지만, 그렇지 않은 경우 매우 어이없게 들릴 것이다.

현재 인기 있는 NFT는 돈을 준다고 해도 살 수 없는 경우가 대부분이다. 현실에서, 에르메스의 버킨백과 켈리백을 매장에 오픈런 했음에도 살 수 없는 것과 유사하다. 최근 높은 인기를 얻고 있는 인비저블 프렌즈(Invisible Friends)는 여러 아티스트가 모여 높은 퀄리티의 NFT를 시리즈로 만들어내고 있는데, 특별한 이벤트 없이도 커뮤니티가 잘 형성되고 있다. 하지만 인비저블 프렌즈 NFT는 퍼블릭 판매가 없기 때문에 쉽게 구입할 수 없으며, 기존 시리즈인 슬림후드(SlimHood)와 무드롤러(MoodRollers)를 보유하고 있어야 한다. 높은 인기를 가진 프로젝트이기 때문에, 기존 시리즈 NFT를 하나가 아닌 여러 개를 가지고 있어야만 별 무리 없이 새 NFT를 구입할 수 있다.

클레이튼 블록체인의 메타콩즈 역시 보유하고 있는 사람들에게 신규 NFT의 민팅 권리를 주고 있다는 점에서 국내에서 높은 인기를 얻고 있다. 지금까지 언급한 시장 트랜드 변화는 불과 반년 안에 일어난 일이다. 앞으로의 트랜드가 어디로 흘러갈지는 알 수 없지만, NFT를 투자하기 위해서는 이러한 시장 변화에 예민하게 대응할 필요가 있다.

Ⓝ NFT 거래를 위한 지갑 혹은 월릿(Wallet)

또 다른 질문은 NFT를 사는 방법에 관한 것이다. NFT는 탈중앙화라는 특성 때문에, 일반 대중에게 상당히 어렵게 느껴진다. 필자가 지금까지 몸담아왔던 주식 시장은 코로나 이후 주식 열풍이 불면서 이제는 국내 1천만 명의 주식 투자자와 6천만 개에 육박하는 주식 거래 계좌가 개설되었다. 홈트레이딩서비스(HTS) 뿐만 아니라, 모바일트레이딩시스템(MTS)이 편리하게 되어 있고, 투자자들의 문제를 빠르게 해결해 주는 고객 센터도 마련되어 있다.

하지만 암호화폐 시장은 주식 시장에 비하면 상당히 불편하고, 접근하기 쉽지 않은 것이 사실이다. 그나마, 업비트나 빗썸과 같은 코인 거래소는 한국 기업이기 때문에 문제 해결을 위한 소통 창구가 열려있지만, NFT 마켓은 딱히 그러한 부분이 없다는 것이 더욱 높은 진입 장벽으로 느껴진다. 그렇다고 겁먹을 필요는 없다. 호랑이한테 물려가도 정신만 차리면 산다고 했다. 처음 한 번이 어려운 것이며, 기존의 틀에서 벗어나 새로운 규칙을 익히게 되면 이후에는 매우 수월할 것이다.

NFT는 기본적으로 암호화폐로 거래되며, 해당 프로젝트가 속해 있는 플랫폼 블록체인, 가령 이더리움(ETH), 클레이튼(KLAY), 솔라나(SOL), 바이낸스 스마트 체인(BNB)의 기축 통화를 구매하는 것부터 시작된다. 암호화폐를 구입하기 위해서는 코인 거래소에 가입해야 하며, 국내에서 원화 입금이 가능한 곳은 업비트(Upbit), 빗썸(Bithumb), 코빗(Korbit), 코인원(Coinone)이다. 바이낸스(Binance), FTX 등 해외 거래소를 이용하는 경우도 동일하다.

NFT를 민팅하기 위한 암호화폐를 구매하였다면, 그 다음으로는 거래소 내 지갑이 아닌 개인 소유의 개인 지갑으로 출금을 해야 한다. NFT 열풍이 불면서 코인 거래소 내에 NFT 마켓 플레이스가 생겨나고 있지만, 가능하면 더 큰 마켓 플레이스에서 거래하는 것이 좋다. 따라서 되도록 암호화폐를 개인 지갑으로 옮기도록 하자. 개인 지갑은 제3자가 관여할 수 없는 나만이 쓸 수 있도록 만들어진 것으로, 블록체인마다 다양한 개인 지갑이 존재한다. 사람들이 가장 많이 사용하는 개인 지갑은 웹 기반으로 만들어진 메타마스크(Metamask)로, 이더리움 블록체인 외에도 바이낸스 스마트 체인(BSC), 클레이튼(Klaytn), 매틱 (Polygon) 등 다양한 자산을 넣을 수 있다는 장점을 가지고 있다.

하지만 메타마스크가 아직 지원하지 않는 블록체인의 경우 다른 개인 지갑을 사용해야 하는데, 솔라나(Solana)에서는 팬텀(Phantom)과 솔렛 (Sollet), 테라(Terra)에서는 테라 스테이션(Terra Station), 에이다(Cardano)에서는 요로이(YOROI) 등이 쓰이고 있다. 이렇게 여러 가지 지갑을 사용해야 하는 이유는 서로 다른 블록체인을 사용하기 때문인데, 쉽게 말해 서로 다른 국가의 화폐를 특정 국가의 은행 계좌에 넣을 수 없는 것과 같다.

예를 들어, 국민은행에 달러를 포함한 11개 주요 통화는 입금할 수 있지만, 제3국 통화를 입금할 수는 없다. 이처럼 개인 지갑은 각 국가에서 사용되는 입출금 계좌라고 생각하면 이해가 쉬울 것이다. 개인 지갑을 만드는 것은 비밀번호 설정만으로도 가능하며, 한 사람이 가질 수 있는 개수에 제한도 없다. 다만, 비밀번호 분실 등 지갑을 복구하기 위한 시드구문(Mnemonic Phrase; 니모닉 프레이즈)이 존재하는데, 은행의 보안 카드처럼 누구에게도 알려져서는 안 되는 정보이다.

시드구문은 보통 12개에서 24개의 단어로 구성되는데, 누군가 이 단어들을 알아내기만 하면 보관되어 있는 암호화폐를 꺼내올 수 있기 때문에 반드시 조심해야 한다. 시드구문을 컴퓨터의 메모장이나 파일로 저장하는 경우가 많은데, 이는 절대 피해야 할 행동이다. 언제든지 나의 컴퓨터가 해킹될 수 있기 때문에, 이 정보를 파일로 저장하는 것은 위험하며 종이에 수기로 정확하게 적어서 잘 보관하는 것이 가장 안전

그림 4-9 │ 거래소마다, 코인마다 다양한 블록체인을 지원 (자료: Gate.io)

하다. 그러나 종이도 훼손되거나 화재의 위험에 노출될 수 있기 때문에, 원시 시대처럼 메탈에 문구를 긁어 새기는 형태의 제품도 존재한다. 이걸 보면 디지털의 끝은 결국 아날로그인지도 모르겠다.

다시 본론으로 돌아가자. 개인 지갑을 만들었다면 이제 거래소에서 코인을 개인 지갑으로 가져와야 한다. 먼저 지갑을 열면 상단에 나의 지갑 주소가 표시되어 있다. 통상 이더리움 계열 주소는 '0x'로 시작하는데, 이것은 은행 계좌번호와 같은 개념이다. 이 주소를 복사하고, 출금 주소에 붙여넣기를 하면 된다. 사실 이때가 가장 조심해야 할 순간이다. 왜냐하면, 보내는 코인의 블록체인 종류와 코인을 받는 주소의 블록체인 종류를 동일하게 맞춰야 하기 때문이다. 국내 거래소는 대부분 블록체인을 선택하는 게 아니라 정해져 있지만, 해외 거래소의 경우 이더리움은 4가지 블록체인을, 테더(USDT)는 9가지의 블록체인을 지원하고 있다. 각 블록체인은 다른 주소 체계를 가지고 있기 때문에, 서로 다른 블록체인으로 코인을 출금하면 잘못 입금되어 다시는 찾지 못하거나 찾는 데 오랜 시간이 소요될 수 있다. 그래서 거래소는 입출금 메뉴에 오입금에 관한 주의 사항을 항상 띄워놓고 있다. 따라서 입금 주소는 몇 번을 확인해도 지나치지 않을 만큼 중요하다. 개인 지갑에 코인이 들어왔다면, 이제 새로운 세상이 열렸다고 할 수 있다. 시세 차익을 위한 트레이딩 거래는 물론이거니와, NFT 민팅과 DeFi 등 할 수 있는 일이 거의 무한하다고 볼 수 있다.

NFT를 구매하는 방법은 크게 2가지이다. 하나는 이미 민팅된 NFT를 2차 마켓, 즉 NFT 마켓 플레이스에서 사는 방법과, 다른 하나는 이제 새롭게 시작하는 프로젝트를 조사해서 민팅함으로써 구매하는 방법이다. NFT 마켓 플레이스 중 가장 큰 곳인 오픈씨(Opensea.io)에 접속한 다음 NFT를 종류별로, 최근 거래량 순으로, 체인별로 등 나만의 기준을 가지고 둘러보자. 만약 구매하고 싶은 NFT를 골랐다면, 오픈씨 우측 상단에 'My wallet'으로 들어가 나의 지갑을 연결하자. 사이트 회원가입을 하는 게 아니라, 나의 개인 지갑을 연결하면 해당 사이트에서 NFT를 구매하고 판매할 수 있다.

이더리움 NFT를 구매할 때는 가스비(거래 수수료)가 다소 높기 때문에, 수수료가 저렴한 시기를 노리는 게 전략이 될 수도 있다. 이더리움의 실시간 가스비는 Etherscan(https://etherscan.io/gastracker)에서 확인할 수 있다. 보통 매시 정각에는 NFT 민팅이 이루어지는 경우가 많아, 갑자기 가스비가 크게 오른다는 점도 참고할 만하다. 한국의 NFT 프로젝트는 대부분 클레이튼 블록체인에서 볼 수 있는데, 오픈씨도 클레이튼 블록체인을 지원하기 때문에 같은 사이트 내에서 확인할 수 있다. 개인 지갑은 메타마스크를 사용하거나, 클레이튼 전용 지갑인 카이카스(Kaikas)를 연결할 수도 있다. 만약 NFT를 구매했다면, 오픈씨 My Profile에서 내가 보유한 NFT를 볼 수도 있다.

NFT 마켓 플레이스를 충분히 둘러보았다면, 이제 실제 민팅에 참여해 보는 것도 좋을 것이다. 이때는 본격적으로 정보를 취합해야 하는 단계인데, 각종 트위터와 디스코드, 텔레그램, 카카오톡, 유튜브 등을 통해서 다가오는 민팅에 대한 정보를 얻을 수 있다. 너무 많은 민팅 정보가 쏟아져 나오기 때문에, 신중하게 선별해야 할 것이며 민팅 후 짧은 기간 내에 판매를 할 것인지, 장기적으로 커뮤니티의 일원이 될 것인지도 전략을 수립해야 한다.

NFT 가격과 코인 가격의 상관 관계에 대한 질문도 많았다. 예를 들어, 1ETH을 주고 NFT를 구매하였는데, 구매 당시보다 이더리움 가격이 10퍼센트 하락하면 NFT 가격도 10퍼센트 하락하고, 반대로 이더리움 가격이 10퍼센트 상승하면 NFT 가격도 10퍼센트 상승하는가를 묻는 것이다. 기본적으로는 NFT도 가상자산이기 때문에, 크립토 시장의 자금 유동성에 의해 유사한 가격 방향성을 보여준다. 하지만 프로젝트의 개별적 이슈에 의한 가격 변동을 논외로 하면, NFT의 가격 변동성은 코인의 그것보다 낮다.

유동성 측면에서 코인의 가격을 바로 따라가지 못하는 것도 이유가 될 수 있지만, 더 큰 이유는 아직까지 사람들이 NFT의 가격을 코인의 개수보다는 달러, 원과 같은 피아트 머니(Fiat Money, 명목 화폐)를 기준으로 보는 경향이 높기 때문이라고 생각한다. 우리가 쓰는 화폐는 여전히 피아트 머니이며, 가상 화폐로 민팅을 하지만 결국 우리의 머리 속에는 XXX달러, XXX원에 산다는 개념이 강하기 때문에, 코인 가격 변동에 도 NFT 가격은 민감하게 반응하지 않는다.

오픈씨를 포함하여 대부분의 NFT 마켓 플레이스를 보면 달러 표시 가격을 함께 적어주고 있다. 예를 들어, A라는 NFT를 1ETH(구매 당시 500만 원)을 주고 구매하였는데 이더리움 가격이 250만 원으로 하락하게 되면, 피아트 머니의 개념으로 이론상 A NFT는 2ETH(2 x 250만 원 = 500만 원)로 호가가 변경된다. 그렇다고 호가가 자동적으로 변하는 것은 아니며 매수, 매도의 수급에 의한 것이다. A라는 NFT를 매수하고 싶었던 사람은 이더리움의 가격 하락으로 500만 원보다 적은 금액으로 A NFT를 구매할 수 있는 기회가 생겼으며, 매도자가 해당 매물을 거둬들이지 않는 이상 250만 원에 A NFT를 구매할 수 있다.

다음으로 A NFT가 1.2ETH에 매도 호가가 걸려있다면, 기회를 엿보고 있던 또 다른 사람은 표면상 가격은 올랐지만 300만 원(1.2ETH x 250만 원=300만 원)이면 이전 가격보다 저렴해졌기 때문에 거래가 이루어진다. 이런 과정을 통해 A NFT는 500만 원이라는 구매 당시의 가치에 다시 근접하게 된다. 현실에서는 가상자산의 분위기를 반영하여 1.5ETH 정도까지는 가격이 회복되는데, 피아트 머니 기준으로는 코인의 하락폭 대비 덜 빠지게 되는 것이다.

물론, 상승장에서는 이와 반대로 작용한다. 코인 가격이 2배 오른다

메타버스로 가는 NFT 로드맵

고 해서 NFT가 이를 모두 반영하지 않고 부분적으로만 가격 상승이 나타난다. 이런 점을 고려하면, NFT는 매우 위험한 투자자산일 수도 있지만, 한편으로는 코인 투자자에게 하나의 헷지(hedge, 위험 회피) 수단이 될 수도 있는 것이다.

NFT 시장에도 당연히 사기꾼들은 존재한다. 아무도 나의 재산을 지켜주지 않기 때문에 최근 사례들을 통해 이를 최대한 방지하고자 한다. 가장 빈번하게 볼 수 있는 것은 유명 프로젝트를 동일하게 복제한 가짜 NFT이다. 오픈씨는 누구든지 NFT를 올려놓고 팔 수 있는 오픈 마켓이기 때문에, 인기 있는 프로젝트의 경우 많은 위조 NFT가 있다. 평소에 사고 싶었지만 비싸서 못 샀던 NFT가 낮은 가격에 올라와 있는 것을 보면, 사람들은 급한 마음에 위조 NFT를 사버리는 경우가 많다. 생김새로는 오리지널과 거의 구분이 되지 않기 때문에, 해당 계정의 총 거래액이 평소 알던 것과 유사한지 확인하는 등 각별한 주의가 필요하다. 이를 방지하기 위해서는 프로젝트의 공식 트위터나 홈페이지, 디스코드 등에 적혀 있는 공식 오픈씨 주소를 확인하고 접속하는 습관을 갖는 것이 좋다.

또 다른 사기 유형은 오픈씨 '나의 계정'에 있는 Hidden 탭에 누군가가 NFT를 넣어놓고 해킹을 시도하는 사례이다. Hidden 탭에는 내가 구매한 것이 아닌 어떤 누군가가 나에게 보낸 NFT도 보관된다. 만약 내가 알고 있는 NFT라면 상관이 없지만, 내가 모르는 NFT가 지갑에 들어와 있다면 피싱(fishing)일 가능성이 높으며, 건드리지 말고 무시하는 것이 좋다. 물론 단순히 알지 못하는 NFT의 이미지를 클릭하거나, 어떤 계정인지 보는 것만으로 해킹이 이루어지지는 않지만, 해당 NFT를 팔거나 누군가가 구매하겠다고 오퍼(Offer)를 승인하게 되면, 그 과정에서 거래가 일어나게 된다.

이를 통해 해킹할 수 있는 환경을 제공하게 되는 것이며, 나의 지갑은 위험에 노출된다. 실제 셀럽을 포함한 유명인사들의 지갑을 들여다 보면, 엄청나게 많은 NFT가 보내지고 있는 것을 알 수 있다. 따라서 Hidden 탭에 들어와 있는 NFT는 웬만하면 건드리지 않는 것이 좋다.

NFT를 구매할 때, 마켓 플레이스를 통해 구매하기도 하지만 보통은 프로젝트 홈페이지에서 제공하는 사이트를 통해 NFT를 민팅하는 경우가 많다. 앞에 나온 사례와 유사하지만 교묘하게 사이트의 주소를 바꾸어서 가짜 사이트로 유도하는 케이스도 있다. 예를 들어, www.google.co.kr로 들어가야 하는데, www.gooogle.co.kr이라는 주소를 퍼뜨리는 것이다. 가짜 사이트는 오리지널과 동일하게 생겼으며, 이 사이트에 나의 개인 지갑을 연결하고, 지갑 접근 권한에 승인하게 한다. 이 역시 공식 프로젝트에서 운영하는 트위터나 디스코드에서 제공하는 사이트를 들어가는 것이 바람직하며, 카카오톡이나 텔레그램의 DM(Direct Message, 개인 메시지) 등을 통해서 받는 사이트는 접속하지 않는 것이 좋다. 특히 개인적으로 오는 메시지는 무조건 조심해야 하는데, NFT 뿐만 아니라 코인의 경우에도 이벤트에 당첨이 되었으니 특정 주소로 코인을 보내라는 피싱 수법을 많이 사용한다. 대부분 프로젝트의 공식 채널에서 "우리는 절대 개인 메시지를 보내지 않습니다"라는 경고 문구를 쓰고 있는 것은 이런 이유 때문이다.

마지막으로는 사기라고 보기에는 다소 애매하나, 당하게 되면 큰 손해를 입는 경우도 있다. 보유하고 있는 NFT에 시장 가격보다 저렴하게 오퍼를 넣는 경우는 흔히 있는 일이나, 오퍼 금액을 속이는 행위이다. 이런 유형은 단위가 큰 프로젝트에서 보통 발생하는데, 예를 들어 최저 가격이 1,200KLAY라고 가정해 보자. 이 NFT에 1.185KLAY를 오퍼 금액으로 제시하는 경우를 많이 볼 수 있다. 자칫 합리적인 가격이라고 판단하여 오퍼 금액을 승인할 수 있으나, 콤마(,)와 소수점(.)을 교모하게 헷갈리게 하는 수법이다. 판매 히스토리를 살펴보면 이렇게 판매된 케이스가 종종 보인다.

Ⓝ 빠르게 변화하는 세상, 경험이 중요하다

세상은 매우 빠르게 변화하고 있다. 그렇기 때문에, 자칫 잘못하면 우리는 세상보다 뒤쳐질 수도 있다. 그러나 우리는 세상이 아무리 빠를지라도 뒤쳐질 게 아니라, 빠르게 적응해야 한다. 메타버스에서도 경험이 중요했듯, 신문물인 NFT도 한번 만들어보는 것이 중요하다. 이를 통해 우리는 블록체인 생태계를 이해할 수 있을 것이다. 그라운드X가 제공하는 플랫폼 중 크래프터스페이스(Krafterspace)가 있다. 누구나 쉽고 간편하게 NFT를 발행하고 관리할 수 있는 플랫폼으로 지금까지

92,647개의 NFT가 발행되었다. 필자는 계정을 하나 만들어 지난 3월에 발간한 메타버스 보고서와 필자의 첫 애널리스트 리포트를 NFT로 발행해 보기도 하였다. 어려운 과정은 없었다. 해당 NFT를 사줄 사람은 없지만, 남들이 생각하지 못하는 아이디어나 상품성이 있다면 팔릴 수도 있을 것이다. 일례로, 영국의 12세 소년은 NFT를 공부하여 이상한 고래들(Weird Whales)이라는 NFT 컬렉션을 만들어 판매했는데, 그 수익이 자그마치 25만 달러에 달했다고 한다.

NFT는 점차 우리의 생활과 밀접해지고 있다. 사회적인 인식이 변하고 기술이 발달하면서 NFT는 성큼성큼 우리 앞으로 다가오고 있다. 그렇다, 물론 내가 지금 당장 NFT를 모른다고 해서 나의 생활에 지장이 생기지는 않을 것이다. 그러나 달라지는 게 없다고 해서 그 자리에 가만히 멈추어 서 있다면, 나는 앞으로 다가올 새로운 시대에 적응하지 못할 수도 있다. 지금이라도 NFT를 만들어보라! 구매해보라! 세상 사람들과 커뮤니티를 만들어가라! NFT를 통한 새로운 경험은 당신을 앞으로 다가올 메타버스의 세계로 이끌어줄 것이다.

부록

오픈씨(OpenSea)

- 웹사이트 주소: https://opensea.io/

- 지원 블록체인: 이더리움(ETH), 폴리곤(Polygon), 클레이튼(Klaytn)

- 주요 데이터:

월간 활성 지갑 수	402,010개
월간 거래액	20.26억 달러
월간 거래 건 수	218만 건

▲ 2022.03.20 기준

　오픈씨는 현재 가장 활발히 거래가 이루어지고 있는 NFT 마켓플레이스이다. 오픈씨는 2017년 12월 미국에 설립된 회사로, 핀터레스트 출신 데빈 핀저가 알렉스 아탈라와 함께 설립하였다. 오픈씨는 설립 두 달 만에 50만달러의 거래액을 기록한 바 있으며, 현재는 월 평균 거래액 규모가 35억달러로 성장하였다. 오픈씨는 이더리움 기반 디지털 자산 거래를 지원하는 P2P(Peer 2 Peer) 방식의 오픈마켓이며, 디지털 아트워크, 컬렉터블, 도메인명, 게임 아이템 등 모든 유형의 NFT와 관련된 파생상품을 거래할 수 있다. 오픈씨는 이더리움(ETH) 외에도 클레이튼(KLATN)과 폴리곤(MATIC)을 지원하고 있어, 국내 사용자들도 많이 이용하고 있다.

- 웹사이트 주소: https://looksrare.org/

- 지원 블록체인: 이더리움(ETH)

- 주요 데이터:

월간 활성 지갑 수	17,380개
월간 거래액	3.69억 달러
월간 거래 건 수	3.9만 건

▲ 2022.03.20 기준

　룩스레어는 2022년 1월에 만들어진 NFT 마켓플레이스로, 매우 빠른 속도로 성장하고 있는 플랫폼이다. 룩스레어 차별화 전략은 유저들에게 토큰 보상을 제공한다는 점이다. 룩스레어(LooksRare)는 OpenSea(2.5%)보다 저렴한 2.0%의 수수료를 책정하고 있으며, 인증 받은 NFT를 거래할 경우 생태계를 활성화시킨 것에 대한 보상으로 매수자와 매도자에게 토큰을 보상으로 제공한다. 또한, 이더리움 블록체인의 고질적 문제인 가스비(거래수수료)를 그룹주문 방식을 통해 가스비를 낮추고, 토큰을 스테이킹(예치)한 사람에게 지분만큼 거래수수료를 이더리움으로 보상하는 구조를 가지고 있다. 한마디로, 운영주체자의 영향력보다는 거래소를 만들어가는 커뮤니티에 대한 보상을 크게 하여, 자연적으로 성장할 수 있는 모델을 채택한 것이다. 또한, 초기에 OpenSea 이용자들을 대상으로 토큰 에어드랍을 해주면서 시장에 빠르게 알려지기도 했다. 다만, 높은 거래대금에 비해 룩스레어를 사용하는 유저 수는 매우 적다는 점과 높은 거래대금이 토큰 드랍을 위한 자전거래로 부풀려진 부분이 있다는 것은 어두운 단면이기도 하다.

- 웹사이트 주소: https://superrare.com/

- 지원 블록체인: 이더리움(ETH)

- 주요 데이터:

월간 활성 지갑 수	51개
월간 거래액	2.97만 달러
월간 거래 건 수	122건

▲ 2022.03.20 기준

　　슈퍼레어는 단일 에디션의 디지털 작품을 수집하고 거래할 수 있는 마켓 플레이스이다. 큐레이팅 시스템을 통해 엄선된 예술 작품만 등록할 수 있기 때문에, 수준 높은 작품에 접근하기 용이하다. 이러한 방식 때문에, 많은 작품이 거래되기는 어려운 환경이나, 거래 당 가격은 높다는 특징이 있다. 슈퍼레어는 새로운 방식의 디지털 아트 시장을 개척하고 있으며, 삼성전자 투자 자회사인 삼성넥스트의 투자를 받기도 하였다.

레어러블(Rarible)

- 웹사이트 주소: https://rarible.com/

- 지원 블록체인: 이더리움(ETH), 플로우(FLOW), 폴리곤(Polygon)

- 주요 데이터:

월간 활성 지갑 수	6,420개
월간 거래액	239만 달러
월간 거래 건 수	6.4만 건

▲ 2022.03.20 기준

　레어러블은 2020초 론칭된 NFT 마켓플레이스로, 알렉세이 팔린(Alexei Falin)과 알렉스 살니코프(Alex salnikov) 두 명의 러시아 개발자에 의해 만들어졌다. 서비스 시작 1년만에 누적 거래량 1억달러를 돌파하는 등 인기를 끌었으며, 많은 인플루언서들이 레어러블에서 NFT를 제작, 판매하기도 하였다. 레어러블은 자체 거버넌스 토큰인 레어리(RARI)를 통해 탈중앙화조직(DAO)를 구성하여 운영된다는 점이 특징이다. 플랫폼에서 거래를 활발히 한 유저는 라리 토큰을 지급받을 수 있으며, 레어리 토큰을 통해 활발한 거래와 커뮤니티 활동을 장려하고 있다.

노운오리진(KnownOrigin)

• 웹사이트 주소: https://knownorigin.io/

• 지원 블록체인: 이더리움(ETH)

• 주요 데이터:

월간 활성 지갑 수	499개
월간 거래액	14.6만 달러
월간 거래 건 수	915건

▲ 2022.03.20 기준

노운오리진은 엄선된 NFT를 다루는 마켓플레이스로, 아티스트가 자신의 NFT 작품을 판매하기 위해서는 노운오리진에 지원과 선정 과정을 거쳐야한다. 오픈형 마켓플레이스와 비교했을 때 데이터가 낮게 나오는 것은 사실이나, 거래 건 당 작품 가격은 높다는 특징을 가지고 있다.

니프티 게이트웨이(Nifty Gateway)

• 웹사이트 주소: https://niftygateway.com/

니프티 게이티웨이는 미국 암호화폐 거래소인 제미나(Gemini)의 창업자 카메론 윙클보스와 타일러 윙클보스 형제가 2019년 11월 인수한 디지털 아트 플랫폼이다. 니프티 게이트웨이의 가장 큰 특징은 법정화폐 달러로 NFT 작품을 구매 및 판매할 수 있다는 점이다. 책 초반에 언급했던 비플, 가수 그라임스의 NFT 작품이 판매한 곳이기도 하며, 국내 NFT 아티스트인 미스터 미상(Mr. Misang) 작가의 작품이 판매되기도 하였다.

클립 드롭스(Klip Drops)

- 웹사이트 주소: https://klipdrops.com/
- 지원 블록체인: 클레이튼(KLAYTN)

클립 드롭스는 카카오 계열사 그라운드X가 운영하는 NFT 마켓플레이스로, 카카오톡의 클립 지갑 내에서 접속이 가능하고, 구매한 NFT도 카카오톡 내에서 확인이 가능하다. 국내 많은 크리에이터의 작품을 구매할 수 있으며, 미스터미상, 우국원 작가, 하정우 작가 등 유명 작가들의 작품도 판매된 바 있다. 2021년 12월 2차 거래가 가능한 클립 드롭스 내 마켓이 오픈되었으며, 현재까지 총 4,285건의 디지털 아트 2차 판매가 이루어졌고, 총 누적 거래규모는 190만KLAY을 기록하고 있다. 또한, 재판매를 통해 창작자에게 로열티 보상이 지급되고 있으며, 약 18만KLAY에 달해 창작가가 꾸준한 작품 활동 및 성장할 수 있는 환경을 마련하고 있다.

메타갤럭시아(MetaGalaxia)

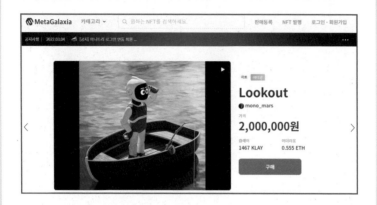

• 웹사이트 주소: https://metagalaxia.com/

　메타갤럭시아는 국내 갤럭시아머니트리의 자회사 갤럭시아메타버스가 운영하는 큐레이션 기반 NFT 마켓플레이스이다. 2021년 11월 정식 오픈을 시작으로, 스포츠, 방송, 디지털아트, 엔터, 사진, 미술, 럭셔리 등 다양한 영역에서 NFT를 선보이고 있다. 규레이션 기반이기 때문에, 등록과 판매, 콘텐츠의 품질을 철저하게 관리하고 있으며, 이더리움(ETH)과 클레이(KLAY)를 거래 수단으로 하고 있어 NFT 유저들의 접근성을 높였다.

NFT매니아(NFTMANIA)

• 웹사이트 주소: https://nftmania.io/

    NFT매니아는 블록체인 기반 종합 엔터테인먼트 플랫폼 러쉬(RUSH) 코인 재단이 2021년 4월 론칭한 NFT 마켓플레이스이다. 게임, 음원, 아트, 스포츠 등 다양한 NFT를 발굴 및 유통하고 있으며, 다양한 기업과의 협업을 통해 영향을 키워나가고 있다. 최근 진행된 PFP 프로젝트로는 가수 세븐, 애니메이션 라바, 아트 주재범작가 등이 있다. 마켓플레이스에서는 이더리움(ETH)과 클레이(KLAY)로 구매가 가능하다.

바이낸스 NFT(Binance NFT)

- 웹사이트 주소: https://www.binance.com/en/nft
- 지원 블록체인: 바이낸스(BSC)

바이낸스 NFT는 세계 최대 암호화폐 거래소 바이낸스(Binance)가 2021년 론칭한 NFT 마켓플레이스이다. 전세계 투자자의 절반 이상이 거래하는 플랫폼 및 앱 내부에 NFT 마켓을 오픈했다는 점에서 많은 자금을 유치하고 있다. 바이낸스 NFT에서 가장 주력으로 다루고 있는 분야는 P2E의 게임 NFT이다. 낮은 수수료와 빠른 속도를 기반으로 바이낸스 블록체인에는 P2E 프로젝트가 많으며, 해당 프로젝트의 NFT가 판매되는 사례가 많다. 특히, Mystery Box는 게임 내 재화를 뽑기 형태로 판매하는 것인데, 상당히 빠른 속도로 판매가 이루어진다. 또한, 게임 론치패드인 IGO(Intial Game offering)를 통해서도 NFT가 판매되기도 한다. 바이낸스(BSC) 블록체인 기반의 NFT가 판매되며, 거래 통화는 바이낸스 거래소 코인(BNB), 바이낸스 스테이블코인(BUSD)으로 구매할 수 있다.

어토믹마켓(AtomicMarket)

• 웹사이트 주소: https://atomicmarket.io/

• https://wax.atomichub.io/

• 지원 블록체인: 왁스(WAX), 이오스(EOS)

• 주요 데이터:

월간 활성 지갑 수	117,760개
월간 거래액	2,037만달러
월간 거래 건 수	1,402만건

▲ 2022.03.20 기준

어토믹허브는 출시 3개월만에 60만개 이상의 NFT가 생성되고, 거래규모는 65만달러를 상회하는 가장 큰 eosio NFT 마켓으로 성장하였다. 왁스 및 이오스 블록체인의 NFT가 거래되며, 특히, 왁스 기반 P2E 프로젝트인 스플린터랜즈(Splinterlands), 파머즈 월드(Farmers World), 에일리언 월즈(Alien Worlds) 등이 거래되는 플랫폼이다.

엑시인피니티 마켓플레이스
(Axie Infinity Marketplace)

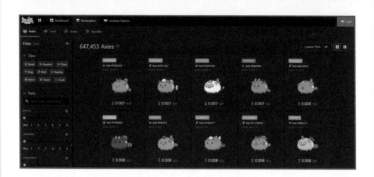

- 웹사이트 주소: https://marketplace.axieinfinity.com/

- 지원 블록체인: 이더리움(ETH), 로닌(RONIN)

- 주요 데이터:

월간 활성 지갑 수	110,380개
월간 거래액	4.16억 달러
월간 거래 건 수	82.4만 건

▲ 2022.03.20 기준

　엑시인피니티 가장 성공적인 P2E 게임 중 하나이며, 마켓플레이스에서는 Play to Earn을 위한 엑시와 성장을 위한 랜드, 아이템을 판매한다. 엑시인피니티 게임 하나 만으로 현재까지 총 36억달러의 거래가 발생하였으며, NFT 총거래액 기준으로 압도적인 1위를 기록하고 있을 만큼, P2E에 대한 인기가 높음을 알 수 있다. 엑시의 Floor Price는 인플레이션으로 인해 과거 보다 크게 낮아진 20달러에 거래되고 있으나, 랜드의 Floor Price는 6,000달러로 여전히 높게 형성되고 있다.

NBA 탑샷(NBA TopShot)

- 웹사이트 주소: https://nbatopshot.com/

- 지원 블록체인: 플로우(FLOW)

- 주요 데이터:

월간 활성 지갑 수	124,890개
월간 거래액	3,253만 달러
월간 거래 건 수	454만 건

▲ 2022.03.20 기준

NBA TopShot은 선수들의 덩크슛 등 경기 활약상을 담은 라이브 카드(영상)를 NFT 디지털 토큰 형태로 판매한다. 소비자들이 TopShot의 카드를 구매하는 방법은 두 가지로, 첫 번째는 카드팩을 뽑는 방법과 마켓플레이스에서 구매하는 방법이 있다. 이를 통해 NBA 팬들은 좋아하는 선수의 카드를 구매해 주요 장면을 소유할 수 있게 된다. TopShot은 2020년 10월 오픈 이후 5

개월만에 3,600억 원의 매출을 올렸고, 10달러였던 카드가 수십 배 치솟으며 2021년 9월 6일 기준 가장 비싼 카드는 전 세계에 49장만 발매된 2019년 12월 15일 르브론 제임스의 덩크 카드로, 최고 거래가격은 210,000달러를 기록하고 있다.

테라(Terra) 생태계의 NFT 마켓플레이스

• 지원 블록체인: 테라(TERRA)

디파이(DeFi) 시장에서 최근 두드러진 강세를 보이고 있는 테라(Terra) 블록체인에서도 NFT가 발행되고 있는데, 대표적인 NFT 마켓플레이스로는 랜덤어스(RandomEarth, https://randomearth.io/), 원플레닛(OnePlanet, https://www.oneplanetnft.io/), 노웨어 아트(Knowhere Art, https://knowhere.art/), 루아트(LUART, https://luart.io/) 등이 있다. 테라 블록체인의 NFT 거래 통화는 루나(Luna)와 테라 스테이블코인(UST)이 사용되며, 지갑은 테라스테이션(TerraStation)이 사용된다.

솔라나(Solana) 생태계의 NFT 마켓플레이스

• 지원 블록체인: 솔라나(SOL)

Magic Eden 월간 거래액	5.69억 달러
Solanart 월간 거래액	1,189만 달러
Solsea 월간 거래액	116만 달러
DigitalEyes Market 월간 거래액	8.3만 달러

▲ 2022.03.20 기준

솔라나 NFT는 이더리움 대비 낮은 가스비(거래수수료)를 무기로 NFT 시장에 폭발적인 성장을 가져온 블록체인이다. 대표적인 NFT 마켓플레이스로는 매직 이든(Magic Eden, https://magiceden.io/), 솔라나트(Solanart, https://solanart.io/), 솔씨(Solsea, https://solsea.io/), 디지털아이즈(DigitalEyes, https://digitaleyes.market/) 등이 있다. 솔라나 블록체인의 NFT 거래 통화는 솔라나(SOL)가 사용되며, 지갑은 팬텀(Phantom), 솔렛(Sollet), 솔플레어(Solflare) 등이 사용된다.

메타버스로 가는 NFT 로드맵

초판 1쇄 인쇄 2022년 4월 13일
초판 1쇄 발행 2022년 4월 21일

지은이 노경탁
펴낸이 박수인·배혜진

펴낸곳 ㈜리치캠프
출판등록 제2021-000086호(2021년 5월 6일)
주소 서울시 영등포구 여의대방로 67길 10, 3층 307호(여의도동)
전화 (02)322-7241
팩스 (02)322-7242
이메일 richcampall@richcamp.co.kr

값 17,000원
ISBN ISBN 979-11-975165-3-5 13320

* 잘못 만들어진 책은 구입하신 곳에서 교환해드립니다.
* 좋은 책을 만드는 것은 바로 독자 여러분입니다.
  리치캠프는 독자 의견에 항상 귀를 기울입니다. 리치캠프의 문은 항상 열려 있습니다.
  원고 투고 또는 문의사항은 richcampall@richcamp.co.kr으로 보내주시기 바랍니다.

▶ 트트렌드 📷 리치캠프 f 리치캠프